W9-CLO-409

Bibliothèque des Histoires

MICHEL FOUCAULT

HISTOIRE
DE LA SEXUALITÉ
1

LA VOLONTÉ
DE SAVOIR

nrf

GALLIMARD

I

Nous autres, victoriens

Longtemps nous aurions supporté, et nous subirions aujourd'hui encore, un régime victorien. L'impériale bégueule figurerait au blason de notre sexualité, retenue, muette, hypocrite.

Au début du xviie siècle encore, une certaine franchise avait cours, dit-on. Les pratiques ne cherchaient guère le secret; les mots se disaient sans réticence excessive, et les choses sans trop de déguisement; on avait, avec l'illicite, une familiarité tolérante. Les codes du grossier, de l'obscène, de l'indécent étaient bien lâches, si on les compare à ceux du xixe siècle. Des gestes directs, des discours sans honte, des transgressions visibles, des anatomies montrées et facilement mêlées, des enfants délurés rôdant sans gêne ni scandale parmi les rires des adultes : les corps « faisaient la roue ».

A ce plein jour, un rapide crépuscule aurait fait suite, jusqu'aux nuits monotones de la bourgeoisie victorienne. La sexualité est alors soigneusement renfermée. Elle emménage. La famille conjugale la confisque. Et l'absorbe tout entière dans le sérieux de la fonction de reproduire. Autour du sexe, on se tait. Le couple, légitime et procréateur, fait la loi. Il s'impose comme modèle, fait valoir la norme, détient la vérité, garde le droit de parler en se réservant le principe du secret. Dans l'espace social, comme au cœur de chaque maison, un seul lieu de sexualité reconnue, mais utilitaire et fécond : la chambre des parents. Le reste n'a plus qu'à s'estomper; la convenance des attitudes esquive les corps, la décence des mots blanchit les discours. Et le stérile, s'il vient à insister et à trop se montrer, vire à l'anormal : il en recevra le statut et devra en payer les sanctions.

Ce qui n'est pas ordonné à la génération ou transfiguré par elle n'a plus ni feu ni loi. Ni verbe non plus. A la fois chassé, dénié et réduit au silence. Non seulement ça n'existe pas, mais ça ne doit pas exister et on le fera disparaître dès la moindre manifestation — actes ou paroles. Les enfants, par exemple, on sait bien qu'ils n'ont pas de sexe : raison de le leur interdire, raison pour défendre qu'ils en parlent, raison pour se fermer les yeux et se boucher les oreilles partout où ils viendraient à en faire montre, raison pour imposer un silence général et appliqué. Tel serait le propre de la répression, et ce qui la distingue des interdits que maintient la simple loi pénale : elle fonctionne bien comme condamnation à disparaître, mais aussi comme injonction de silence, affirmation d'inexistence, et constat, par conséquent, que de tout cela il n'y a rien à dire, ni à voir, ni à savoir. Ainsi, dans sa logique boiteuse, irait l'hypocrisie de nos sociétés bourgeoises. Forcée cependant à quelques concessions. S'il faut vraiment faire place aux sexualités illégitimes, qu'elles aillent faire leur tapage ailleurs : là où on peut les réinscrire sinon dans les circuits de la production, du moins dans ceux du profit. La maison close et la maison de santé seront ces lieux de tolérance : la prostituée, le client et le souteneur, le psychiatre et son hystérique — ces « autres victoriens » dirait Stephen Marcus — semblent avoir subrepticement fait passer le plaisir qui ne se dit pas dans l'ordre des choses qui se comptent; les mots, les gestes, autorisés alors en sourdine, s'y échangent au prix fort. Là seulement le sexe sauvage aurait droit à des formes de réel, mais bien insularisées, et à des types de discours clandestins, circonscrits, codés. Partout ailleurs le puritanisme moderne aurait imposé son triple décret d'interdiction, d'inexistence et de mutisme.

De ces deux longs siècles où l'histoire de la sexualité devrait se lire d'abord comme la chronique d'une répression croissante, serions-nous affranchis? Si peu, nous dit-on encore. Par Freud, peut-être. Mais avec quelle circonspection, quelle prudence médicale, quelle garantie scientifique d'innocuité, et combien de précautions pour tout maintenir, sans crainte de « débordement » dans l'espace le plus sûr et le plus discret, entre divan et discours : encore un chuchotement profitable sur un lit. Et pourrait-il en être autrement? On nous explique que, si la répression a bien été, depuis l'âge classique, le mode fondamental de liaison entre pouvoir, savoir et sexualité, on ne peut s'en affranchir qu'à un prix considérable : il n'y faudrait pas moins qu'une transgression des lois, une levée des interdits, une irruption de la parole, une restitution du plaisir dans le réel, et toute une nouvelle économie dans les mécanismes du pouvoir; car le moindre éclat de vérité est sous condition politique. De tels effets, on ne peut donc les attendre d'une simple pratique médicale, ni d'un discours théorique, fût-il rigoureux. Ainsi dénonce-t-on le conformisme de Freud, les fonctions de normalisation de la psychanalyse, tant de timidité sous les grands emportements de Reich, et tous les effets d'intégration assurés par la « science » du sexe ou les pratiques, à peine louches, de la sexologie.

Ce discours sur la moderne répression du sexe tient bien. Sans doute parce qu'il est facile à tenir. Une grave caution historique et politique le protège; en faisant naître l'âge de la répression au xviie siècle, après des centaines d'années de plein air et de libre expression, on l'amène à coïncider avec le développement du capitalisme : il ferait corps avec l'ordre bourgeois. La petite chronique du sexe et de ses brimades se transpose aussitôt dans la cérémonieuse histoire des modes de production; sa futilité s'évanouit. Un principe d'explication se dessine du fait même : si le sexe est réprimé avec tant de rigueur, c'est qu'il est incompatible avec une mise au travail générale et intensive; à l'époque où on exploite systématiquement la force de travail, pouvait-on tolérer qu'elle aille s'égailler dans les plaisirs, sauf dans ceux, réduits

au minimum, qui lui permettent de se reproduire?
Le sexe et ses effets ne sont peut-être pas faciles
à déchiffrer; ainsi resituée, leur répression, en
revanche, s'analyse aisément. Et la cause du sexe
— de sa liberté, mais aussi de la connaissance
qu'on en prend et du droit qu'on a d'en parler —
se trouve en toute légitimité rattachée à l'honneur
d'une cause politique : le sexe, lui aussi, s'inscrit
dans l'avenir. Un esprit soupçonneux se demande-
rait peut-être si tant de précautions pour donner
à l'histoire du sexe un parrainage aussi considérable ne portent pas encore la trace des vieilles
pudeurs : comme s'il ne fallait pas moins que ces
corrélations valorisantes pour que ce discours
puisse être tenu ou reçu.

Mais il y a peut-être une autre raison qui rend
pour nous si gratifiant de formuler en termes de
répression les rapports du sexe et du pouvoir : ce
qu'on pourrait appeler le bénéfice du locuteur. Si
le sexe est réprimé, c'est-à-dire voué à la prohibition, à l'inexistence et au mutisme, le seul fait
d'en parler, et de parler de sa répression, a comme
une allure de transgression délibérée. Qui tient ce
langage se met jusqu'à un certain point hors pouvoir; il bouscule la loi; il anticipe, tant soit peu, la
liberté future. De là cette solennité avec laquelle
aujourd'hui, on parle du sexe. Les premiers démographes et les psychiatres du xixe siècle, quand ils
avaient à l'évoquer, estimaient qu'ils devaient se
faire pardonner de retenir l'attention de leurs
lecteurs sur des sujets si bas et tellement futiles.
Nous, depuis des dizaines d'années, nous n'en
parlons guère sans prendre un peu la pose :

conscience de braver l'ordre établi, ton de voix qui montre qu'on se sait subversif, ardeur à conjurer le présent et à appeler un avenir dont on pense bien contribuer à hâter le jour. Quelque chose de la révolte, de la liberté promise, de l'âge prochain d'une autre loi passe aisément dans ce discours sur l'oppression du sexe. Certaines des vieilles fonctions traditionnelles de la prophétie s'y trouvent réactivées. A demain le bon sexe. C'est parce qu'on affirme cette répression qu'on peut encore faire coexister, discrètement, ce que la peur du ridicule ou l'amertume de l'histoire empêche la plupart d'entre nous de rapprocher : la révolution et le bonheur; ou la révolution et un corps autre, plus neuf, plus beau; ou encore la révolution et le plaisir. Parler contre les pouvoirs, dire la vérité et promettre la jouissance; lier l'un à l'autre l'illumination, l'affranchissement et des voluptés multipliées; tenir un discours où se joignent l'ardeur du savoir, la volonté de changer la loi et le jardin espéré des délices — voilà qui soutient sans doute chez nous l'acharnement à parler du sexe en termes de répression; voilà qui explique peut-être aussi la valeur marchande qu'on attribue non seulement à tout ce qui s'en dit, mais au simple fait de prêter une oreille à ceux qui veulent en lever les effets. Nous sommes, après tout, la seule civilisation où des préposés reçoivent rétribution pour écouter chacun faire confidence de son sexe : comme si l'envie d'en parler et l'intérêt qu'on en espère avaient débordé largement les possibilités de l'écoute, certains même ont mis leurs oreilles en location.

Mais plus que cette incidence économique, me paraît essentielle l'existence à notre époque d'un discours où le sexe, la révélation de la vérité, le renversement de la loi du monde, l'annonce d'un autre jour et la promesse d'une certaine félicité sont liés ensemble. C'est le sexe aujourd'hui qui sert de support à cette vieille forme, si familière et si importante en Occident, de la prédication. Un grand prêche sexuel — qui a eu ses théologiens subtils et ses voix populaires — a parcouru nos sociétés depuis quelques dizaines d'années; il a fustigé l'ordre ancien, dénoncé les hypocrisies, chanté le droit de l'immédiat et du réel; il a fait rêver d'une autre cité. Songeons aux Franciscains. Et demandons-nous comment il a pu se faire que le lyrisme, que la religiosité qui avaient accompagné longtemps le projet révolutionnaire se soient, dans les sociétés industrielles et occidentales, reportés, pour une bonne part au moins, sur le sexe.

L'idée du sexe réprimé n'est donc pas seulement affaire de théorie. L'affirmation d'une sexualité qui n'aurait jamais été assujettie avec plus de rigueur qu'à l'âge de l'hypocrite bourgeoisie affairée et comptable se trouve couplée avec l'emphase d'un discours destiné à dire la vérité sur le sexe, à modifier son économie dans le réel, à subvertir la loi qui le régit, à changer son avenir. L'énoncé de l'oppression et la forme de la prédication renvoient l'une à l'autre; réciproquement ils se renforcent. Dire que le sexe n'est pas réprimé ou plutôt dire que du sexe au pouvoir le rapport n'est pas de répression risque de n'être qu'un paradoxe stérile. Ce ne serait pas seulement heurter une thèse bien acceptée. Ce serait aller à l'encontre de toute l'économie, de tous les « intérêts » discursifs qui la sous-tendent.

C'est en ce point que je voudrais situer la série d'analyses historiques dont ce livre-ci est à la fois l'introduction et comme le premier survol : repérage de quelques points historiquement significatifs et esquisses de certains problèmes théoriques. Il s'agit en somme d'interroger le cas d'une société qui depuis plus d'un siècle se fustige bruyamment de son hypocrisie, parle avec prolixité de son propre silence, s'acharne à détailler ce qu'elle ne dit pas, dénonce les pouvoirs qu'elle exerce et promet de se libérer des lois qui l'ont fait fonctionner. Je voudrais faire le tour non seulement de ces discours, mais de la volonté qui les porte et de l'intention stratégique qui les soutient. La question que je voudrais poser n'est pas : pourquoi sommes-nous réprimés, mais pourquoi disons-nous, avec tant de passion, tant de rancœur contre notre passé le plus proche, contre notre présent et contre nous-mêmes, que nous sommes réprimés? Par quelle spirale en sommes-nous arrivés à affirmer que le sexe est nié, à montrer ostensiblement que nous le cachons, à dire que nous le taisons —, et ceci en le formulant en mots explicites, en cherchant à le faire voir dans sa réalité la plus nue, en l'affirmant dans la positivité de son pouvoir et de ses effets? Il est légitime à coup sûr de se demander pourquoi pendant si longtemps on a associé le sexe et le péché — encore faudrait-il voir comment s'est faite cette association et se garder de dire globalement et hâtivement que le sexe était « condamné » — mais il faudrait se demander aussi pourquoi nous nous culpabilisons si fort aujourd'hui d'en avoir fait autrefois un péché? Par quels chemins en sommes-nous venus à être « en faute » à l'égard de notre sexe? Et à être une civilisation assez singulière pour se dire qu'elle a elle-même pendant long-temps et encore aujourd'hui « péché » contre le sexe, par abus de pouvoir? Comment s'est fait ce déplacement qui, tout en prétendant nous affran-chir de la nature pécheresse du sexe, nous accable d'une grande faute historique qui aurait consisté justement à imaginer cette nature fautive et à tirer de cette croyance de désastreux effets?

On me dira que s'il y a tant de gens aujourd'hui pour affirmer cette répression, c'est parce qu'elle est historiquement évidente. Et que s'ils en parlent avec une telle abondance et depuis si longtemps, c'est que cette répression est profon-dément ancrée, qu'elle a des racines et des raisons solides, qu'elle pèse sur le sexe de manière si rigoureuse que ce n'est point une seule dénoncia-tion qui pourra nous en affranchir; le travail ne peut être que long. D'autant plus long sans doute que le propre du pouvoir — et singulièrement d'un pouvoir comme celui qui fonctionne dans notre société — c'est d'être répressif et de réprimer avec une particulière attention les énergies inutiles, l'intensité des plaisirs et les conduites irrégu-lières. Il faut donc s'attendre que les effets de libération à l'égard de ce pouvoir répressif soient lents à se manifester; l'entreprise de parler du sexe librement et de l'accepter dans sa réalité est si étrangère au droit fil de toute une histoire maintenant millénaire, elle est en outre si hostile aux mécanismes intrinsèques du pouvoir, qu'elle ne peut manquer de piétiner longtemps avant de réussir dans sa tâche.

Or, par rapport à ce que j'appellerais cette « hypothèse répressive », on peut élever trois doutes considérables. Premier doute : la répression du sexe est-elle bien une évidence historique? Ce qui se révèle à un tout premier regard — et qui autorise par conséquent à poser une hypothèse de départ — est-ce bien l'accentuation ou peut-être l'instauration depuis le XVIIe siècle d'un régime de répression sur le sexe? Question proprement historique. Deuxième doute : la mécanique du pouvoir, et en particulier celle qui est mise en jeu dans une société comme la nôtre, est-elle bien pour l'essentiel de l'ordre de la répression? L'interdit, la censure, la dénégation sont-ils bien les formes selon lesquelles le pouvoir s'exerce d'une façon générale, peut-être, dans toute société, et à coup sûr dans la nôtre? Question historico-théorique. Enfin troisième doute : le discours critique qui s'adresse à la répression vient-il croiser pour lui barrer la route un mécanisme de pouvoir qui avait fonctionné jusque-là sans contestation ou bien ne fait-il pas partie du même réseau historique que ce qu'il dénonce (et sans doute travestit) en l'appelant « répression »? Y a-t-il bien une rupture historique entre l'âge de la répression et l'analyse critique de la répression? Question historico-politique. En introduisant ces trois doutes, il ne s'agit pas seulement de faire des contre-hypothèses, symétriques et inverses des premières; il ne s'agit pas de dire : la sexualité, loin d'avoir été réprimée dans les sociétés capitalistes et bourgeoises, a bénéficié au contraire d'un régime de liberté constante; il ne s'agit pas de dire : le pouvoir, dans des sociétés comme les nôtres, est plus tolérant que répressif et la critique qu'on fait de la répression peut bien se donner des airs de rupture, elle fait partie d'un processus beaucoup plus ancien qu'elle et selon le sens dans lequel on lira ce processus, elle apparaîtra comme un nouvel épisode dans l'atténuation des interdits ou comme une forme plus rusée ou plus discrète du pouvoir.

Les doutes que je voudrais opposer à l'hypothèse répressive ont pour but moins de montrer qu'elle est fausse que de la replacer dans une économie générale des discours sur le sexe à l'intérieur des sociétés modernes depuis le xviie siècle. Pourquoi a-t-on parlé de la sexualité, qu'en a-t-on dit? Quels étaient les effets de pouvoir induits par ce qu'on en disait? Quels liens entre ces discours, ces effets de pouvoir et les plaisirs qui se trouvaient investis par eux? Quel savoir se formait à partir de là? Bref, il s'agit de déterminer, dans son fonctionnement et dans ses raisons d'être, le régime de pouvoir-savoir-plaisir qui soutient chez nous le discours sur la sexualité humaine. De là le fait que le point essentiel (en première instance du moins) n'est pas tellement de savoir si au sexe on dit oui ou non, si on formule des interdits ou des permissions, si on affirme son

importance ou si on nie ses effets, si on châtie ou
non les mots dont on se sert pour le désigner; mais
de prendre en considération le fait qu'on en parle,
ceux qui en parlent, les lieux et points de vue d'où
on en parle, les institutions qui incitent à en parler, qui emmagasinent et diffusent ce qu'on en dit,
bref, le « fait discursif » global, la « mise en discours » du sexe. De là aussi le fait que le point
important sera de savoir sous quelles formes, à
travers quels canaux, en se glissant le long de
quels discours le pouvoir parvient jusqu'aux
conduites les plus ténues et les plus individuelles,
quels chemins lui permettent d'atteindre les
formes rares ou à peine perceptibles du désir,
comment il pénètre et contrôle le plaisir quotidien — tout ceci avec des effets qui peuvent
être de refus, de barrage, de disqualification,
mais aussi d'incitation, d'intensification, bref
les « techniques polymorphes du pouvoir ». De
là enfin le fait que le point important ne sera
pas de déterminer si ces productions discursives
et ces effets de pouvoir conduisent à formuler la
vérité du sexe, ou des mensonges au contraire
destinés à l'occulter, mais de dégager la « volonté
de savoir » qui leur sert à la fois de support et
d'instrument.

Il faut bien s'entendre; je ne prétends pas que le
sexe n'a pas été prohibé ou barré ou masqué ou
méconnu depuis l'âge classique; je n'affirme
même pas qu'il l'a été de ce moment moins qu'au-
paravant. Je ne dis pas que l'interdit du sexe est
un leurre; mais que c'est un leurre d'en faire l'élément fondamental et constituant à partir duquel

on pourrait écrire l'histoire de ce qui a été dit à propos du sexe à partir de l'époque moderne. Tous ces éléments négatifs — défenses, refus, censures, dénégations — que l'hypothèse répressive regroupe en un grand mécanisme central destiné à dire non, ne sont sans doute que des pièces qui ont un rôle local et tactique à jouer dans une mise en discours, dans une technique de pouvoir, dans une volonté de savoir qui sont loin de se réduire à eux.

En somme, je voudrais détacher l'analyse des privilèges qu'on accorde d'ordinaire à l'économie de rareté et aux principes de raréfaction, pour chercher au contraire les instances de production discursive (qui bien sûr ménagent aussi des silences), de production de pouvoir (qui ont parfois pour fonction d'interdire), des productions de savoir (lesquelles font souvent circuler des erreurs ou des méconnaissances systématiques); je voudrais faire l'histoire de ces instances et de leurs transformations. Or un tout premier survol, fait de ce point de vue, semble indiquer que depuis la fin du xvie siècle, la « mise en discours » du sexe, loin de subir un processus de restriction, a au contraire été soumise à un mécanisme d'incitation croissante; que les techniques de pouvoir qui s'exercent sur le sexe n'ont pas obéi à un principe de sélection rigoureuse mais au contraire de dissémination et d'implantation des sexualités polymorphes et que la volonté de savoir ne s'est pas arrêtée devant un tabou à ne pas lever, mais qu'elle s'est acharnée — à travers bien des erreurs sans doute — à constituer une science de la sexua-

lité. Ce sont ces mouvements que je voudrais, pas-
sant en quelque sorte derrière l'hypothèse répressive et les faits d'interdiction ou d'exclusion
qu'elle invoque, faire apparaître maintenant de
façon schématique, à partir de quelques faits
historiques, ayant valeur de marques.

II

L'hypothèse répressive

1

L'INCITATION AUX DISCOURS

xviie siècle : ce serait le début d'un âge de répression, propre aux sociétés qu'on appelle bourgeoises, et dont nous ne serions peut-être pas encore tout à fait affranchis. Nommer le sexe serait, de ce moment, devenu plus difficile et plus coûteux. Comme si, pour le maîtriser dans le réel, il avait fallu d'abord le réduire au niveau du langage, contrôler sa libre circulation dans le discours, le chasser des choses dites et éteindre les mots qui le rendent trop sensiblement présent. Et ces interdits mêmes auraient peur, dirait-on, de le nommer. Sans même avoir à le dire, la pudeur moderne obtiendrait qu'on n'en parle pas, par le seul jeu de prohibitions qui renvoient les unes aux autres : des mutismes qui, à force de se taire, imposent le silence. Censure.

Or, à prendre ces trois derniers siècles dans leurs transformations continues, les choses apparaissent bien différentes : autour, et à propos du sexe, une véritable explosion discursive. Il faut s'entendre. Il se peut bien qu'il y ait eu une épuration — et fort rigoureuse — du vocabulaire

autorisé. Il se peut bien qu'on ait codifié toute
une rhétorique de l'allusion et de la métaphore.
De nouvelles règles de décence, sans aucun doute,
ont filtré les mots : police des énoncés. Contrôle
des énonciations aussi : on a défini de façon beaucoup plus stricte où et quand il n'était pas possible d'en parler; dans quelle situation, entre
quels locuteurs, et à l'intérieur de quels rapports
sociaux; on a établi ainsi des régions sinon de
silence absolu, du moins de tact et de discrétion :
entre parents et enfants par exemple, ou éducateurs et élèves, maîtres et domestiques. Il y a eu
là, c'est presque certain, toute une économie res-
trictive. Elle s'intègre à cette politique de la langue
et de la parole − spontanée pour une part, concertée pour une autre − qui a accompagné les redistributions sociales de l'âge classique.

En revanche, au niveau des discours et de leurs
domaines, le phénomène est presque inverse. Sur
le sexe, les discours − des discours spécifiques,
différents à la fois par leur forme et leur objet −
n'ont pas cessé de proliférer : une fermentation
discursive qui s'est accélérée depuis le xviiie siècle.
Je ne pense pas tellement ici à la multiplication
probable des discours « illicites », des discours
d'infraction qui, crûment, nomment le sexe par
insulte ou dérision des nouvelles pudeurs; le res-
serrement des règles de convenance a amené vraisemblablement, comme contre-effet, une valorisation et une intensification de la parole indécente.
Mais l'essentiel, c'est la multiplication des discours sur le sexe, dans le champ d'exercice du
pouvoir lui-même : incitation institutionnelle à

en parler, et à en parler de plus en plus; obstination des instances du pouvoir à en entendre parler et à le faire parler lui-même sur le mode de l'articulation explicite et du détail indéfiniment cumulé.

Soit l'évolution de la pastorale catholique et du sacrement de pénitence après le Concile de Trente. On voile peu à peu la nudité des questions que formulaient les manuels de confession du Moyen Age, et bon nombre de celles qui avaient cours au xviie siècle encore. On évite d'entrer dans ce détail que certains, comme Sanchez ou Tamburini, ont longtemps cru indispensable pour que la confession soit complète : position respective des partenaires, attitudes prises, gestes, attouchements, moment exact du plaisir — tout un parcours pointilleux de l'acte sexuel dans son opération même. La discrétion est recommandée, avec de plus en plus d'insistance. Il faut quant aux péchés contre la pureté la plus grande réserve : « Cette matière ressemble à la poix qui étant maniée de telle façon que ce puisse être, encore même que ce serait pour la jeter loin de soi, tache néanmoins et souille toujours [1]. » Et plus tard Alphonse de Liguori prescrira de débuter — quitte éventuellement à s'y tenir, surtout avec les enfants — par des questions « détournées et un peu vagues [2] ».

Mais la langue peut bien se châtier. L'extension de l'aveu, et de l'aveu de la chair, ne cesse de croître. Parce que la Contre-Réforme s'em-

---

1. P. Segneri, *L'Instruction du pénitent*, traduction, 1695, p. 301.
2. A. de Liguori, *Pratique des confesseurs* (trad. française, 1854), p. 140.

ploie dans tous les pays catholiques à accélérer
le rythme de la confession annuelle. Parce qu'elle
essaie d'imposer des règles méticuleuses d'examen de soi-même. Mais surtout parce qu'elle
accorde de plus en plus d'importance dans la pénitence — et aux dépens, peut-être, de certains
autres péchés — à toutes les insinuations de la
chair : pensées, désirs, imaginations volup-
tueuses, délectations, mouvements conjoints de
l'âme et du corps, tout cela désormais doit entrer,
et en détail, dans le jeu de la confession et de la
direction. Le sexe, selon la nouvelle pastorale,
ne doit plus être nommé sans prudence; mais ses
aspects, ses corrélations, ses effets doivent être
suivis jusque dans leurs rameaux les plus fins :
une ombre dans une rêverie, une image trop lentement chassée, une complicité mal conjurée entre
la mécanique du corps et la complaisance de l'esprit : tout doit être dit. Une double évolution tend
à faire de la chair la racine de tous les péchés,
et à en déplacer le moment le plus important de
l'acte lui-même vers le trouble, si difficile à per-
cevoir et à formuler, du désir; car c'est un mal
qui atteint l'homme entier, et sous les formes les
plus secrètes : « Examinez donc, diligemment,
toutes les facultés de votre âme, la mémoire, l'en-
tendement, la volonté. Examinez aussi avec exactitude tous vos sens, ... Examinez encore toutes
vos pensées, toutes vos paroles, et toutes vos
actions. Examinez même jusqu'à vos songes,
savoir si, étant éveillés vous ne leur avez pas
donné votre consentement... Enfin n'estimez pas
que dans cette matière si chatouilleuse et si péril-

leuse, il y ait quelque chose de petit et de léger [1]. »
Un discours obligé et attentif doit donc suivre,
selon tous ses détours, la ligne de jonction du
corps et de l'âme : il fait apparaître, sous la surface des péchés, la nervure ininterrompue de la
chair. Sous le couvert d'un langage qu'on prend
soin d'épurer de manière qu'il n'y soit plus nommé
directement, le sexe est pris en charge, et comme
traqué, par un discours qui prétend ne lui laisser
ni obscurité ni répit.

C'est peut-être là pour la première fois que
s'impose sous la forme d'une contrainte générale,
cette injonction si particulière à l'Occident
moderne. Je ne parle pas de l'obligation d'avouer
les infractions aux lois du sexe, comme l'exi-
geait la pénitence traditionnelle; mais de la tâche,
quasi infinie, de dire, de se dire à soi-même et de
dire à un autre, aussi souvent que possible, tout
ce qui peut concerner le jeu des plaisirs, sensations et pensées innombrables qui, à travers
l'âme et le corps, ont quelque affinité avec le sexe.
Ce projet d'une « mise en discours » du sexe, il
s'était formé, il y a bien longtemps, dans une tradition ascétique et monastique. Le xviie siècle
en a fait une règle pour tous. On dira qu'en fait,
elle ne pouvait guère s'appliquer qu'à une toute
petite élite; la masse des fidèles qui n'allaient à
confesse qu'à de rares reprises dans l'année
échappait à des prescriptions si complexes. Mais
l'important sans doute, c'est que cette obligation
ait été fixée au moins comme point idéal, pour tout

---

1. P. Segneri, *loc. cit.*, pp. 301-302.

bon chrétien. Un impératif est posé : non pas seulement confesser les actes contraires à la loi, mais
chercher à faire de son désir, de tout son désir,
discours. Rien, s'il est possible, ne doit échapper à
cette formulation, quand bien même les mots
qu'elle emploie ont à être soigneusement neutralisés. La pastorale chrétienne a inscrit comme
devoir fondamental la tâche de faire passer tout
ce qui a trait au sexe au moulin sans fin de la
parole[1]. L'interdit de certains mots, la décence
des expressions, toutes les censures du vocabulaire pourraient bien n'être que des dispositifs
seconds par rapport à ce grand assujettissement :
des manières de le rendre moralement acceptable
et techniquement utile.

On pourrait tracer une ligne qui irait droit de
la pastorale du xviie siècle à ce qui en fut la projection dans la littérature, et dans la littérature
« scandaleuse ». Tout dire, répètent les directeurs : « non seulement les actes consommés mais
les attouchements sensuels, tous les regards
impurs, tous les propos obscènes..., toutes les
pensées consenties[2] ». Sade relance l'injonction
dans des termes qui semblent retranscrits des
traités de direction spirituelle : « Il faut à vos
récits les détails les plus grands et les plus étendus; nous ne pouvons juger ce que la passion que
vous contez a de relatif aux mœurs et aux carac-

---

1. La pastorale réformée, quoique d'une façon plus discrète, a
posé aussi des règles de mise en discours du sexe. Ceci sera développé dans le volume suivant, *La Chair et le corps.*
2. A. de Liguori, *Préceptes sur le sixième commandement* (trad.
1835), p. 5.

tères de l'homme, qu'autant que vous ne déguisez aucune circonstance; les moindres circonstances servent d'ailleurs infiniment à ce que nous attendons de vos récits[1] ». Et à la fin du xixe siècle l'auteur anonyme de *My secret Life* s'est encore soumis à la même prescription; il fut sans doute, en apparence au moins, une sorte de libertin traditionnel; mais cette vie qu'il avait consacrée presque entièrement à l'activité sexuelle, il a eu l'idée de la doubler du récit le plus méticuleux de chacun de ses épisodes. Il s'en excuse parfois en faisant valoir son souci d'éduquer les jeunes gens, lui qui a fait imprimer, à quelques exemplaires seulement, ces onze volumes consacrés aux moindres aventures, plaisirs et sensations de son sexe; il vaut mieux le croire quand il laisse passer dans son texte la voix du pur impératif : « Je raconte les faits, comme ils se sont produits, autant que je puisse me les rappeler; c'est tout ce que je puis faire »; « une vie secrète ne doit présenter aucune omission; il n'y a rien dont on doive avoir honte..., on ne peut jamais trop connaître la nature humaine[2]. » Le solitaire de la *Vie secrète* a dit souvent, pour justifier qu'il les décrive, que ses plus étranges pratiques étaient partagées certainement par des milliers d'hommes sur la surface de la terre. Mais la plus étrange de ces pratiques, qui était de les raconter toutes, et en détail, et au jour le jour, le principe en avait été déposé dans le cœur de l'homme moderne depuis deux

1. D.-A. de Sade, *Les 120 journées de Sodome*, éd. Pauvert, I, pp. 139-140.
2. An., *My secret Life*, réédité par Grove Press, 1964.

bons siècles. Plutôt que de voir en cet homme singulier l'évadé courageux d'un « victorianisme » qui l'astreignait au silence, je serais tenté de penser qu'à une époque où dominaient des consignes d'ailleurs fort prolixes de discrétion et de pudeur, il fut le représentant le plus direct et d'une certaine manière le plus naïf d'une injonction pluriséculaire à parler du sexe. L'accident historique, ce seraient plutôt les pudeurs du « puritanisme victorien »; elles seraient en tout cas une péripétie, un raffinement, un retournement tactique dans le grand processus de mise en discours du sexe.

Mieux que sa souveraine, cet Anglais sans identité peut servir de figure centrale à l'histoire d'une sexualité moderne qui se forme déjà pour une bonne part avec la pastorale chrétienne. Sans doute, à l'opposé de celle-ci, il s'agissait pour lui de majorer les sensations qu'il éprouvait par le détail de ce qu'il en disait; comme Sade, il écrivait, au sens fort de l'expression, « pour son seul plaisir »; il mêlait soigneusement la rédaction et la relecture de son texte à des scènes érotiques dont elles étaient à la fois la répétition, le prolongement et le stimulant. Mais après tout, la pastorale chrétienne, elle aussi, cherchait à produire des effets spécifiques sur le désir, par le seul fait de le mettre, intégralement et avec application, en discours : effets de maîtrise et de détachement sans doute, mais aussi effet de reconversion spirituelle, de retournement vers Dieu, effet physique de bienheureuse douleur à sentir dans son corps les morsures de la tentation et l'amour qui lui résiste. L'essentiel est bien là. Que l'homme occidental ait été depuis trois siècles attaché à cette tâche de tout dire sur son sexe; que depuis l'âge classique il y ait eu une majoration constante et une valorisation toujours plus grande du discours sur le sexe; et qu'on ait attendu de ce discours, soigneusement analytique, des effets multiples de déplacement, d'intensification, de réorientation, de modification sur le désir lui-même. On a non seulement élargi le domaine de ce qu'on pouvait dire du sexe et astreint les hommes à l'étendre toujours; mais surtout on a branché sur le sexe le discours, selon un dispositif complexe et à effets variés, qui ne peut s'épuiser dans le seul rapport à une loi d'interdiction. Censure sur le sexe? On a plutôt mis en place un appareillage à produire sur le sexe des discours, toujours davantage de discours, susceptibles de fonctionner et de prendre effet dans son économie même.

Cette technique peut-être serait restée liée au destin de la spiritualité chrétienne ou à l'économie des plaisirs individuels, si elle n'avait été appuyée et relancée par d'autres mécanismes. Essentiellement un « intérêt public ». Non pas une curiosité ou une sensibilité collectives; non pas une mentalité nouvelle. Mais des mécanismes de pouvoir au fonctionnement desquels le discours sur le sexe — pour des raisons sur lesquelles il faudra revenir — est devenu essentiel. Naît vers le xviiiᵉ siècle une incitation politique, économique, technique, à parler du sexe. Et non pas tellement sous la forme d'une théorie générale de la sexualité, mais sous forme d'analyse, de comptabilité, de classification et de spécification, sous forme de recherches quantitatives ou causales. Prendre le sexe « en compte », tenir sur lui un discours qui ne soit pas uniquement de morale, mais de rationalité, ce fut là une nécessité assez nouvelle pour qu'au début elle s'étonne d'elle-même et se cherche des excuses. Comment un discours de raison pourrait-il parler de *ça?* « Rarement les philosophes ont porté un regard assuré sur ces objets placés entre le dégoût et le ridicule, où il fallait à la fois éviter l'hypocrisie et le scandale [1]. » Et près d'un siècle plus tard, la médecine dont on aurait pu attendre qu'elle soit moins surprise de ce qu'elle avait à formuler trébuche encore au moment de parler : « L'ombre qui enveloppe ces faits, la honte et le dégoût qu'ils inspirent, en ont de tout temps éloigné le regard des observateurs... J'ai longtemps hésité à faire entrer dans cette étude le tableau repoussant [2]... » L'essentiel n'est pas dans tous ces scrupules, dans le « moralisme » qu'ils trahissent, ou l'hypocrisie dont on peut les soupçonner. Mais dans la nécessité reconnue qu'il faut les surmonter. Du sexe, on doit parler, on doit parler publiquement et d'une manière qui ne soit pas ordonnée au partage du licite ou de l'illicite, même si le locuteur en maintient pour lui la distinction (c'est à le montrer que servent ces déclarations solennelles et liminaires); on doit en parler comme d'une chose qu'on n'a pas simplement à condamner ou à tolérer, mais à gérer, à insérer

1. Condorcet, cité par J.-L. Flandrin, *Familles*, 1976.
2. A Tardieu. *Étude médico-légale sur les attentats aux mœurs,* 1857, p. 114.

dans des systèmes d'utilité, à régler pour le plus grand bien de tous, à faire fonctionner selon un optimum. Le sexe, ça ne se juge pas seulement, ça s'administre. Il relève de la puissance publique; il appelle des procédures de gestion; il doit être pris en charge par des discours analytiques. Le sexe, au xviiie siècle, devient affaire de « police ». Mais au sens plein et fort qu'on donnait alors à ce mot — non pas répression du désordre, mais majoration ordonnée des forces collectives et individuelles : « Affermir et augmenter par la sagesse de ses règlements la puissance intérieure de l'État, et comme cette puissance consiste non seulement dans la République en général, et dans chacun des membres qui la composent, mais encore dans les facultés et les talents de tous ceux qui lui appartiennent, il s'ensuit que la police doit s'occuper entièrement de ces moyens et les faire servir au bonheur public. Or, elle ne peut obtenir ce but qu'au moyen de la connaissance qu'elle a de ces différents avantages [1]. » Police du sexe : c'est-à-dire non pas rigueur d'une prohibition mais nécessité de régler le sexe par des discours utiles et publics.

Quelques exemples seulement. Une des grandes nouveautés dans les techniques de pouvoir, au xviiie siècle, ce fut l'apparition, comme problème économique et politique, de la « population » : la population-richesse, la population-main-d'œuvre ou capacité de travail, la population en équi-

---

1. J. von Justi, *Éléments généraux de police*, trad. 1769, p. 20.

libre entre sa croissance propre et les ressources dont elle dispose. Les gouvernements
s'aperçoivent qu'ils n'ont pas affaire simplement
à des sujets, ni même à un « peuple », mais à une
« population », avec ses phénomènes spécifiques,
et ses variables propres : natalité, morbidité,
durée de vie, fécondité, état de santé, fréquence
des maladies, forme d'alimentation et d'habitat.
Toutes ces variables sont au point de croisement
des mouvements propres à la vie et des effets particuliers aux institutions : « Les États ne se
peuplent point suivant la progression naturelle
de la propagation, mais en raison de leur industrie, de leurs productions, et des différentes institutions... Les hommes se multiplient comme les
productions du sol et à proportion des avantages
et des ressources qu'ils trouvent dans leurs tra-
vaux [1]. » Au cœur de ce problème économique et
politique de la population, le sexe : il faut analyser le taux de natalité, l'âge du mariage, les naissances légitimes et illégitimes, la précocité et la
fréquence des rapports sexuels, la manière de les
rendre féconds ou stériles, l'effet du célibat ou des
interdits, l'incidence des pratiques contracep-
tives — de ces fameux « funestes secrets » dont les
démographes, à la veille de la Révolution, savent
qu'ils sont déjà familiers à la campagne. Certes,
il y avait bien longtemps qu'on affirmait qu'un
pays devait être peuplé s'il voulait être riche et
puissant. Mais c'est la première fois qu'au moins

---

1. C.-J. Herbert, *Essai sur la police générale des grains* (1753),
pp. 320-321.

d'une manière constante, une société affirme que
son avenir et sa fortune sont liés non seulement
au nombre et à la vertu des citoyens, non seulement aux règles de leurs mariages et à l'organisation des familles, mais à la manière dont chacun
fait usage de son sexe. On passe de la désolation
rituelle sur la débauche sans fruit des riches, des
célibataires et des libertins, à un discours où la
conduite sexuelle de la population est prise à la
fois pour objet d'analyse et cible d'intervention;
on va des thèses massivement populationnistes
de l'époque mercantiliste à des tentatives de
régulation plus fines et mieux calculées qui oscil-
leront selon les objectifs et les urgences dans
une direction nataliste ou antinataliste. A travers
l'économie politique de la population se forme
toute une grille d'observations sur le sexe. Naît
l'analyse des conduites sexuelles, de leurs déter-
minations et de leurs effets, à la limite du biologique et de l'économique. Apparaissent aussi ces
campagnes systématiques qui, au-delà des moyens
traditionnels — exhortations morales et reli-
gieuses, mesures fiscales — essaient de faire du
comportement sexuel des couples, une conduite
économique et politique concertée. Les racismes
du xixe et du xxe siècle y trouveront certains de
leurs points d'ancrage. Que l'État sache ce qu'il
en est du sexe des citoyens et de l'usage qu'ils en
font, mais que chacun, aussi, soit capable de
contrôler l'usage qu'il en fait. Entre l'État et
l'individu, le sexe est devenu un enjeu, et un enjeu
public; toute une trame de discours, de savoirs,
d'analyses et d'injonctions l'ont investi.

Il en est de même pour le sexe des enfants. On dit souvent que l'âge classique l'a soumis à une occultation dont il ne s'est guère dégagé avant les *Trois Essais* ou les bénéfiques angoisses du petit Hans. Il est vrai qu'une ancienne « liberté » de langage a pu disparaître entre enfants et adultes, ou élèves et maîtres. Aucun pédagogue du XVIIe siècle n'aurait publiquement, comme Érasme dans ses *Dialogues,* conseillé son disciple sur le choix d'une bonne prostituée. Et les rires bruyants qui avaient accompagné si longtemps, et, semble-t-il, dans toutes les classes sociales, la sexualité précoce des enfants, peu à peu se sont éteints. Mais ce n'est pas pour autant une pure et simple mise au silence. C'est plutôt un nouveau régime des discours. On n'en dit pas moins, au contraire. Mais on le dit autrement; ce sont d'autres gens qui le disent, à partir d'autres points de vue et pour obtenir d'autres effets. Le mutisme lui-même, les choses qu'on se refuse à dire ou qu'on interdit de nommer, la discrétion qu'on requiert entre certains locuteurs, sont moins la limite absolue du discours, l'autre côté dont il serait séparé par une frontière rigoureuse, que des éléments qui fonctionnent à côté des choses dites, avec elles et par rapport à elles dans des stratégies d'ensemble. Il n'y a pas à faire de partage binaire entre ce qu'on dit et ce qu'on ne dit pas; il faudrait essayer de déterminer les différentes manières de ne pas les dire, comment se distribuent ceux qui peuvent et ceux qui ne peuvent pas en parler, quel type de discours est autorisé ou quelle forme de discrétion est requise pour les uns et les autres. Il n'y a pas un, mais des silences et ils font partie intégrante des stratégies qui sous-tendent et traversent les discours.

Soient les collèges d'enseignement du xviiie siècle. Globalement, on peut avoir l'impression que du sexe on n'y parle pratiquement pas. Mais il suffit de jeter un coup d'œil sur les dispositifs architecturaux, sur les règlements de discipline et toute l'organisation intérieure : il ne cesse pas d'y être question du sexe. Les constructeurs y ont pensé, et explicitement. Les organisateurs le prennent en compte de façon permanente. Tous les détenteurs d'une part d'autorité sont placés dans un état d'alerte perpétuelle, que les aménagements, les précautions prises, le jeu des punitions et des responsabilités relancent sans répit. L'espace de la classe, la forme des tables, l'aménagement des cours de récréation, la distribution des dortoirs (avec ou sans cloisons, avec ou sans rideaux), les règlements prévus pour la surveillance du coucher et du sommeil, tout cela renvoie, de la manière la plus prolixe, à la sexualité des enfants [1]. Ce qu'on pourrait appeler le discours interne de l'institution – celui qu'elle se tient à

---

1. *Règlement de police pour les lycées* (1809), art. 67. « Il y aura toujours, pendant les heures de classe et d'étude, un maître d'étude surveillant l'extérieur, pour empêcher les élèves sortis pour des besoins, de s'arrêter et de se réunir.

68. Après la prière du soir, les élèves seront reconduits au dortoir où les maîtres les feront aussitôt coucher.

69. Les maîtres ne se coucheront qu'après s'être assurés que chaque élève est dans son lit.

70. Les lits seront séparés par des cloisons de deux mètres de hauteur. Les dortoirs seront éclairés pendant la nuit. »

elle-même et qui circule parmi ceux qui la font fonctionner — est pour une part importante articulé sur le constat que cette sexualité existe, précoce, active, permanente. Mais il y a plus : le sexe du collégien est devenu au cours du xviii⁰ siècle — et d'une manière plus particulière que celui des adolescents en général — un problème public. Les médecins s'adressent aux directeurs d'établissements et aux professeurs, mais donnent aussi leurs avis aux familles; les pédagogues font des projets qu'ils soumettent aux autorités; les maîtres se tournent vers les élèves, leur font des recommandations et rédigent pour eux des livres d'exhortation, d'exemples moraux ou médicaux. Autour du collégien et de son sexe prolifère toute une littérature de préceptes, d'avis, d'observations, de conseils médicaux, de cas cliniques, de schémas de réforme, de plans pour des institutions idéales. Avec Basedow et le mouvement « philanthropique » allemand, cette mise en discours du sexe adolescent a pris une ampleur considérable. Saltzmann avait même organisé une école expérimentale, dont le caractère particulier était un contrôle et une éducation du sexe si bien réfléchis que l'universel péché de jeunesse devait ne s'y pratiquer jamais. Et dans toutes ces mesures prises, l'enfant ne devait pas être seulement l'objet muet et inconscient de soins concertés entre eux par les seuls adultes; on lui imposait un certain discours raisonnable, limité, canonique et vrai sur le sexe — une sorte d'orthopédie discursive. La grande fête, organisée au *Philanthropinum* au mois de mai 1776, peut servir de vignette. Ce fut dans la forme mêlée de l'examen, des jeux floraux, de la distribution des prix et du conseil de révision, la première communion solennelle du sexe adolescent et du discours raisonnable. Pour montrer le succès de l'éducation sexuelle qu'on donnait aux élèves, Basedow avait convié ce que l'Allemagne pouvait compter de notable (Goethe avait été un des rares à décliner l'invitation). Devant le public rassemblé, un des professeurs, Wolke, pose aux élèves des questions choisies sur les mystères du sexe, de la naissance, de la procréation : il leur fait commenter des gravures qui représentent une femme enceinte, un couple, un berceau. Les réponses sont éclairées, sans honte ni gêne. Aucun rire malséant ne vient les troubler — sauf justement du côté d'un public adulte plus enfantin que les enfants eux-mêmes, et que Wolke, sévèrement, réprimande. On applaudit finalement ces garçons joufflus qui, devant les grands, tressent d'un savoir adroit les guirlandes du discours et du sexe [1].

Il serait inexact de dire que l'institution pédagogique a imposé massivement le silence au sexe des enfants et des adolescents. Elle a au contraire, depuis le xviiie siècle, démultiplié à son sujet les formes du discours; elle a établi pour lui des points d'implantation différents; elle a codé les contenus et qualifié les locuteurs. Parler du sexe des enfants, en faire parler les éducateurs, les méde-

---

1. J. Schummel, *Fritzens Reise nach Dessau* (1776), cité par A. Pinloche, *La Réforme de l'éducation en Allemagne au XVIIIe siècle* (1889), pp. 125-129.

cins, les administrateurs et les parents, ou leur en
parler, faire parler les enfants eux-mêmes, et les
enserrer dans une trame de discours qui tantôt
s'adressent à eux, tantôt parlent d'eux, tantôt
leur imposent des connaissances canoniques, tantôt forment à partir d'eux un savoir qui leur
échappe, — tout cela permet de lier une intensification des pouvoirs et une multiplication du discours. Le sexe des enfants et des adolescents est
devenu, depuis le xviiie siècle, un enjeu important
autour duquel d'innombrables dispositifs institutionnels et stratégies discursives ont été aména-
gés. Il se peut bien qu'on ait retiré aux adultes
et aux enfants eux-mêmes une certaine manière
d'en parler; et qu'on l'ait disqualifiée comme
directe, crue, grossière. Mais ce n'était là que la
contrepartie, et peut-être la condition pour que
fonctionnent d'autres discours, multiples, entre-
croisés, subtilement hiérarchisés, et tous fortement articulés autour d'un faisceau de relations
de pouvoir.

On pourrait citer bien d'autres foyers qui, à
partir du xviiie siècle ou du xixe siècle, sont entrés
en activité pour susciter les discours sur le
sexe. La médecine d'abord, par l'intermédiaire
des « maladies de nerfs »; la psychiatrie ensuite,
quand elle se met à chercher du côté de l' « excès »,
puis de l'onanisme, puis de l'insatisfaction, puis
des « fraudes à la procréation » l'étiologie des
maladies mentales, mais surtout quand elle s'an-
nexe comme de son domaine propre l'ensemble
des perversions sexuelles; la justice pénale aussi
qui longtemps avait eu affaire à la sexualité sur-

tout sous la forme de crimes « énormes » et contre nature, mais qui, vers le milieu du xixᵉ siècle, s'ouvre à la juridiction menue des petits attentats, des outrages mineurs, des perversions sans importance; enfin tous ces contrôles sociaux qui se développent à la fin du siècle passé, et qui filtrent la sexualité des couples, des parents et des enfants, des adolescents dangereux et en danger — entreprenant de protéger, de séparer, de prévenir, signalant partout des périls, éveillant des attentions, appelant des diagnostics, entassant des rapports, organisant des thérapeutiques; autour du sexe, ils irradient les discours, intensifiant la conscience d'un danger incessant qui relance à son tour l'incitation à en parler.

Un jour de 1867, un ouvrier agricole, du village de Lapcourt, un peu simple d'esprit, employé selon les saisons chez les uns ou les autres, nourri ici et là par un peu de charité et pour le pire travail, logé dans les granges ou les écuries, est dénoncé : au bord d'un champ, il avait, d'une petite fille, obtenu quelques caresses, comme il l'avait déjà fait, comme il l'avait vu faire, comme le faisaient autour de lui les gamins du village; c'est qu'à la lisière du bois, ou dans le fossé de la route qui mène à Saint-Nicolas, on jouait familièrement au jeu qu'on appelait « du lait caillé ». Il est donc signalé par les parents au maire du village, dénoncé par le maire aux gendarmes, conduit par les gendarmes au juge, inculpé par lui et soumis à un premier médecin, puis à deux autres experts qui, après avoir rédigé leur rap-

port, le publient [1]. L'important de cette histoire ?
C'est son caractère minuscule ; c'est que ce quotidien de la sexualité villageoise, ces infimes délectations buissonnières aient pu devenir, à partir
d'un certain moment, objet non seulement d'une
intolérance collective, mais d'une action judiciaire, d'une intervention médicale, d'un examen
clinique attentif, et de toute une élaboration
théorique. L'important, c'est que de ce personnage, jusque-là partie intégrante de la vie
paysanne, on ait entrepris de mesurer la boîte
crânienne, d'étudier l'ossature de la face, d'inspecter l'anatomie pour y relever les signes possibles de dégénérescence ; qu'on l'ait fait parler ;
qu'on l'ait interrogé sur ses pensées, penchants,
habitudes, sensations, jugements. Et qu'on ait
décidé finalement, le tenant quitte de tout délit,
d'en faire un pur objet de médecine et de savoir
— objet à enfouir, jusqu'au bout de sa vie, à
l'hôpital de Maréville, mais à faire connaître
aussi au monde savant par une analyse détaillée.
On peut parier qu'à la même époque, l'instituteur
de Lapcourt apprenait aux petits villageois à châtier leur langage et à ne plus parler de toutes ces
choses à voix haute. Mais c'était là sans doute
une des conditions pour que les institutions de
savoir et de pouvoir puissent recouvrir ce petit
théâtre de tous les jours de leur discours solennel. Sur ces gestes sans âge, sur ces plaisirs à
peine furtifs qu'échangeaient les simples d'esprit
avec les enfants éveillés, voilà que notre société

1. H. Bonnet et J. Bulard, *Rapport médico-légal sur l'état mental de Ch.-J. Jouy*, 4 janvier 1868.

— et elle fut sans doute la première dans l'histoire — a investi tout un appareil à discourir, à analyser et à connaître.

Entre l'Anglais libertin, qui s'acharnait à écrire pour lui-même les singularités de sa vie secrète, et son contemporain, ce niais de village qui donnait quelques sous aux fillettes pour des complaisances que lui refusaient les plus grandes, il y a sans aucun doute quelque lien profond : d'un extrême à l'autre, le sexe est, de toute façon, devenu quelque chose à dire, et à dire exhaustivement selon des dispositifs discursifs qui sont divers mais qui sont tous à leur manière contraignants. Confidence subtile ou interrogatoire autoritaire, le sexe, raffiné ou rustique, doit être dit. Une grande injonction polymorphe soumet aussi bien l'anonyme anglais que le pauvre paysan lorrain, dont l'histoire a voulu qu'il s'appelât Jouy.

Depuis le xviiie siècle, le sexe n'a pas cessé de provoquer une sorte d'éréthisme discursif généralisé. Et ces discours sur le sexe ne se sont pas multipliés hors du pouvoir ou contre lui ; mais là même où il s'exerçait et comme moyen de son exercice ; partout ont été aménagées des incitations à parler, partout des dispositifs à entendre et à enregistrer, partout des procédures pour observer, interroger et formuler. On le débusque et on le contraint à une existence discursive. De l'impératif singulier qui impose à chacun de faire de sa sexualité un discours permanent, jusqu'aux mécanismes multiples qui, dans l'ordre de l'économie, de la pédagogie, de la médecine, de la justice,

incitent, extraient, aménagent, institutionnalisent
le discours du sexe, c'est une immense prolixité
que notre civilisation a requise et organisée. Peut-
être aucun autre type de société n'a jamais accu-
mulé, et dans une histoire relativement si courte,
une telle quantité de discours sur le sexe. De lui,
il se pourrait bien que nous parlions plus que de
toute autre chose; nous nous acharnons à cette
tâche; nous nous convainquons par un étrange
scrupule que nous n'en disons jamais assez, que
nous sommes trop timides et peureux, que nous
nous cachons l'aveuglante évidence par inertie
et par soumission, et que l'essentiel nous échappe
toujours, qu'il faut encore partir à sa recherche.
Sur le sexe, la plus intarissable, la plus impa-
tiente des sociétés, il se pourrait que ce soit la
nôtre.

Mais ce premier survol le montre : il s'agit
moins d'*un* discours sur le sexe que d'une multiplicité de discours produits par toute une série
d'appareillages fonctionnant dans des institutions différentes. Le Moyen Age avait organisé
autour du thème de la chair et de la pratique de
la pénitence un discours assez fortement unitaire. Au cours des siècles récents, cette relative
unité a été décomposée, dispersée, démultipliée
en une explosion de discursivités distinctes, qui
ont pris forme dans la démographie, la biologie,
la médecine, la psychiatrie, la psychologie, la morale, la pédagogie, la critique politique. Mieux :
le lien solide qui attachait l'une à l'autre la théo-
logie morale de la concupiscence et l'obligation de
l'aveu (le discours théorique sur le sexe et sa for-

mulation en première personne), ce lien a été sinon rompu, du moins détendu et diversifié : entre l'objectivation du sexe dans des discours rationnels, et le mouvement par lequel chacun est mis à la tâche de raconter son propre sexe, il s'est produit depuis le xviiie siècle, toute une série de tensions, de conflits, d'efforts d'ajustement, de tentatives de retranscription. Ce n'est donc pas simplement en termes d'extension continue qu'il faut parler de cette croissance discursive; on doit y voir plutôt une dispersion des foyers d'où se tiennent ces discours, une diversification de leurs formes et le déploiement complexe du réseau qui les relie. Plutôt que le souci uniforme de cacher le sexe, plutôt qu'une pudibonderie générale du langage, ce qui marque nos trois derniers siècles, c'est la variété, c'est la large dispersion des appareils qu'on a inventés pour en parler, pour en faire parler, pour obtenir qu'il parle de lui-même, pour écouter, enregistrer, transcrire et redistribuer ce qui s'en dit. Autour du sexe, toute une trame de mises en discours variées, spécifiques et coercitives : une censure massive, depuis les décences verbales imposées par l'âge classique? Il s'agit plutôt d'une incitation réglée et polymorphe aux discours.

On objectera sans doute que si, pour parler du sexe, il a fallu tant de stimulations et tant de mécanismes contraignants, c'est bien que régnait, de façon globale, un certain interdit fondamental; seules des nécessités précises — urgences économiques, utilités politiques — ont pu lever cet interdit et ouvrir au discours sur le sexe quelques accès, mais toujours limités et soigneusement codés; tant parler du sexe, aménager tant de dispositifs insistants pour en faire parler, mais sous des conditions strictes, cela ne prouve-t-il qu'il est sous secret et qu'on cherche surtout à l'y maintenir encore? Mais il faudrait interroger justement ce thème si fréquent que le sexe est hors discours et que seule la levée d'un obstacle, la rupture d'un secret peut ouvrir le chemin qui mène jusqu'à lui. Ce thème ne fait-il pas partie de l'injonction par laquelle on suscite le discours? N'est-ce pas pour inciter à en parler, et à toujours recommencer à en parler, qu'on le fait miroiter, à la limite extérieure de tout discours actuel, comme le secret qu'il est indispensable de débusquer — une chose abusivement réduite au mutisme, et qu'il est à la fois difficile et nécessaire, dangereux et précieux de dire? Il ne faut pas oublier que la pastorale chrétienne, en faisant du sexe ce qui, par excellence, devait être avoué, l'a toujours présenté comme l'inquiétante énigme : non pas ce qui se montre obstinément, mais ce qui se cache partout, l'insidieuse présence à laquelle on risque de rester sourd tant elle parle d'une voix basse et souvent déguisée. Le secret du sexe n'est sans doute pas la réalité fondamentale par rapport à laquelle se situent toutes les incitations à en parler — soit qu'elles essaient de le briser, soit que de façon obscure elles le reconduisent par la manière même dont elles parlent. Il s'agit plutôt d'un thème qui fait partie de la mécanique même de ces incitations : une manière de donner forme à l'exigence d'en parler, une fable indispensable à l'économie indéfiniment proliférante du discours sur le sexe. Ce qui est propre aux sociétés modernes, ce n'est pas qu'elles aient voué le sexe à rester dans l'ombre, c'est qu'elles se soient vouées à en parler toujours, en le faisant valoir comme *le* secret.

2

L'IMPLANTATION PERVERSE

Objection possible : cette prolifération des discours, on aurait tort d'y voir un simple phénomène quantitatif, quelque chose comme une pure croissance, comme si était indifférent ce qu'on y dit, comme si le fait qu'on en parle était en soi plus important que les formes d'impératifs qu'on lui impose en en parlant. Car cette mise en discours du sexe n'est-elle pas ordonnée à la tâche de chasser de la réalité les formes de sexualité qui ne sont pas soumises à l'économie stricte de la reproduction : dire non aux activités infécondes, bannir les plaisirs d'à côté, réduire ou exclure les pratiques qui n'ont pas pour fin la génération? A travers tant de discours, on a multiplié les condamnations judiciaires des petites perversions; on a annexé l'irrégularité sexuelle à la maladie mentale; de l'enfance à la vieillesse, on a défini une norme du développement sexuel et caractérisé avec soin toutes les déviances possibles; on a organisé des contrôles pédagogiques et des cures médicales; autour des moindres fantaisies, les moralistes, mais aussi et surtout les

médecins ont rameuté tout le vocabulaire empha-
tique de l'abomination : n'est-ce pas autant de
moyens mis en œuvre pour résorber, au profit
d'une sexualité génitalement centrée, tant de
plaisirs sans fruit? Toute cette attention bavarde
dont nous faisons tapage autour de la sexualité,
depuis deux ou trois siècles, n'est-elle pas ordonnée à un souci élémentaire : assurer le peuplement,
reproduire la force du travail, reconduire la forme
des rapports sociaux; bref aménager une sexualité économiquement utile et politiquement
conservatrice?

Je ne sais pas encore si tel est finalement l'objectif. Mais ce n'est point par réduction en tout
cas qu'on a cherché à l'atteindre. Le xixᵉ siècle et
le nôtre ont été plutôt l'âge de la multiplication :
une dispersion des sexualités, un renforcement de
leurs formes disparates, une implantation multiple des « perversions ». Notre époque a été ini-
tiatrice d'hétérogénéités sexuelles.

Jusqu'à la fin du xviiiᵉ siècle, trois grands codes
explicites — en dehors des régularités coutumières
et des contraintes d'opinion — régissaient les pratiques sexuelles : droit canonique, pastorale chrétienne et loi civile. Ils fixaient, chacun à leur
manière, le partage du licite et de l'illicite. Or ils
étaient tous centrés sur les relations matrimoniales : le devoir conjugal, la capacité à le rem-
plir, la manière dont on l'observait, les exigences
et les violences dont on l'accompagnait, les
caresses inutiles ou indues auxquelles il servait
de prétexte, sa fécondité ou la manière dont on
s'y prenait pour le rendre stérile, les moments

où on le demandait (périodes dangereuses de la grossesse et de l'allaitement, temps défendu du carême ou des abstinences), sa fréquence et sa rareté —, c'était cela surtout qui était saturé de prescriptions. Le sexe des conjoints était obsédé de règles et de recommandations. La relation de mariage était le foyer le plus intense des contraintes; c'était d'elle qu'on parlait surtout; plus que toute autre, elle avait à s'avouer dans le détail. Elle était sous surveillance majeure : était-elle en défaut, elle avait à se montrer et à se démontrer devant témoin. Le « reste » demeurait beaucoup plus confus : qu'on songe à l'incertitude du statut de la « sodomie », ou à l'indifférence devant la sexualité des enfants.

En outre, ces différents codes ne faisaient pas de partage net entre les infractions aux règles des alliances et les déviations par rapport à la génitalité. Rompre les lois du mariage ou chercher des plaisirs étranges valait de toute façon condamnation. Dans la liste des péchés graves, séparés seulement par leur importance, figuraient le stupre (relations hors mariage), l'adultère, le rapt, l'inceste spirituel ou charnel, mais aussi la sodomie, ou la « caresse » réciproque. Quant aux tribunaux, ils pouvaient condamner aussi bien l'homosexualité que l'infidélité, le mariage sans le consentement des parents ou la bestialité. Dans l'ordre civil comme dans l'ordre religieux, ce qui était pris en compte, c'était un illégalisme d'ensemble. Sans doute la « contre-nature » y était-elle marquée d'une abomination particulière. Mais elle n'était perçue que comme une forme extrême du « contre la loi »; elle enfreignait, elle aussi, des décrets — des décrets aussi sacrés que ceux du mariage et qui avaient été établis pour régir l'ordre des choses et le plan des êtres. Les prohibitions portant sur le sexe étaient fondamentalement de nature juridique. La « nature » sur laquelle il arrivait qu'on les appuie était encore une sorte de droit. Longtemps les hermaphrodites furent des criminels, ou des rejetons du crime, puisque leur disposition anatomique, leur être même embrouillait la loi qui distinguait les sexes et prescrivait leur conjonction.

A ce système centré sur l'alliance légitime, l'explosion discursive du xviiie et du xixe siècle a fait subir deux modifications. D'abord un mouvement centrifuge par rapport à la monogamie hétérosexuelle. Bien sûr, le champ des pratiques et des plaisirs continue à lui être référé comme à sa règle interne. Mais on en parle de moins en moins, en tout cas avec une sobriété croissante. On renonce à la traquer dans ses secrets; on ne lui demande plus de se formuler au jour le jour. Le couple légitime, avec sa sexualité régulière, a droit à plus de discrétion. Il tend à fonctionner comme une norme, plus rigoureuse peut-être, mais plus silencieuse. En revanche ce qu'on interroge, c'est la sexualité des enfants, c'est celle des fous et des criminels; c'est le plaisir de ceux qui n'aiment pas l'autre sexe; ce sont les rêveries, les obsessions, les petites manies ou les grandes rages. A toutes ces figures, à peine aperçues autrefois, de s'avancer maintenant pour prendre la parole et faire l'aveu difficile de ce qu'elles sont. On ne les condamne, sans doute, pas moins. Mais on les écoute; et s'il arrive qu'on interroge à nouveau la sexualité régulière, c'est, par un mouvement de reflux, à partir de ces sexualités périphériques.

De là l'extraction, dans le champ de la sexualité, d'une dimension spécifique de la « contre nature ». Par rapport aux autres formes condamnées (et qui le sont de moins en moins), comme l'adultère ou le rapt, elles prennent leur autonomie : épouser une proche parente ou pratiquer la sodomie, séduire une religieuse ou exercer le sadisme, tromper sa femme ou violer des cadavres deviennent des choses essentiellement différentes. Le domaine couvert par le sixième commandement commence à se dissocier. Se défait aussi, dans l'ordre civil, la catégorie confuse de la « débauche » qui avait été pendant plus d'un siècle une des raisons les plus fréquentes du renfermement administratif. De ses débris surgissent d'une part les infractions à la législation (ou à la morale) du mariage et de la famille, et de l'autre les atteintes à la régularité d'un fonctionnement naturel (atteintes que la loi, d'ailleurs, peut bien sanctionner). On a peut-être là, parmi d'autres, une raison de ce prestige de Don Juan que trois siècles n'ont pas éteint. Sous le grand infracteur des règles de l'alliance — voleur de femmes, séducteur des vierges, honte des familles et insulte aux maris et aux pères — perce un autre personnage : celui qui est traversé, en dépit de lui-même, par la sombre folie du sexe. Sous le libertin, le pervers. Il rompt délibérément la loi, mais en même temps quelque chose comme une nature déroutée l'emporte loin de toute nature; sa mort, c'est le moment où le retour surnaturel de l'offense et de la vindicte croise la fuite dans la contre-nature. Les deux grands systèmes de règles que l'Occident tour à tour a conçus pour régir le sexe — la loi de l'alliance et l'ordre des désirs —, l'existence de Don Juan, surgie à leur frontière commune, les renverse tous deux. Laissons les psychanalystes s'interroger pour savoir s'il était homosexuel, narcissique ou impuissant.

Non sans lenteur et équivoque, lois naturelles de la matrimonialité et règles immanentes de la sexualité commencent à s'inscrire sur deux registres distincts. Un monde de la perversion se dessine, qui est sécant par rapport à celui de l'infraction légale ou morale, mais n'en est pas simplement une variété. Tout un petit peuple naît, différent, malgré quelques cousinages, des anciens libertins. De la fin du xviiie siècle jusqu'au nôtre, ils courent dans les interstices de la société, poursuivis mais pas toujours par les lois, enfermés souvent mais pas toujours dans les prisons, malades peut-être, mais scandaleuses, dangereuses victimes, proies d'un mal étrange qui porte aussi le nom de vice et parfois de délit. Enfants trop éveillés, fillettes précoces, collégiens ambigus, domestiques et éducateurs douteux, maris cruels ou maniaques, collectionneurs solitaires, promeneurs aux impulsions étranges : ils hantent les conseils de discipline, les maisons de redressement, les colonies pénitentiaires, les tribunaux et les asiles; ils portent chez les médecins leur infamie et leur maladie chez les juges. C'est l'innom-

brable famille des pervers qui voisinent avec les
délinquants et s'apparentent aux fous. Ils ont
porté successivement au cours du siècle la marque
de la « folie morale », de la « névrose génitale »,
de l' « aberration du sens génésique », de la « dégénérescence », ou du « déséquilibre psychique ».

Que signifie l'apparition de toutes ces sexualités périphériques? Le fait qu'elles puissent apparaître en plein jour est-il signe que la règle se
desserre? Ou le fait qu'on y porte tant d'attention
prouve-t-il un régime plus sévère et le souci de
prendre sur elles un exact contrôle? En termes de
répression, les choses sont ambiguës. Indulgence
si on songe que la sévérité des codes à propos des
délits sexuels s'est considérablement atténuée au
xixᵉ siècle; et que la justice souvent s'est dessaisie
elle-même au profit de la médecine. Mais ruse
supplémentaire de la sévérité si on pense à toutes
les instances de contrôle et à tous les mécanismes
de surveillance mis en place par la pédagogie ou
la thérapeutique. Il se peut bien que l'intervention de l'Église dans la sexualité conjugale et son
refus des « fraudes » à la procréation aient perdu
depuis 200 ans beaucoup de leur insistance. Mais
la médecine, elle, est entrée en force dans les plaisirs du couple : elle a inventé toute une pathologie
organique, fonctionnelle ou mentale, qui naîtrait
des pratiques sexuelles « incomplètes »; elle a
classé avec soin toutes les formes de plaisirs
annexes; elle les a intégrés au « développement »
et aux « perturbations » de l'instinct; elle en a
entrepris la gestion.

L'important n'est peut-être pas dans le niveau

de l'indulgence ou la quantité de répression; mais dans la forme de pouvoir qui s'exerce. S'agit-il, quand on nomme, comme pour la faire lever, toute cette végétation de sexualités disparates, de les exclure du réel? Il semble bien que la fonction du pouvoir qui s'exerce là ne soit pas celle de l'interdit. Et qu'il se soit agi de quatre opérations bien différentes de la simple prohibition.

1. Soient les vieilles prohibitions d'alliances consanguines (aussi nombreuses, aussi complexes qu'elles soient) ou la condamnation de l'adultère, avec son inévitable fréquence; soient d'autre part les contrôles récents par lesquels on a investi depuis le XIXe siècle la sexualité des enfants et pourchassé leurs « habitudes solitaires ». Il est évident qu'il ne s'agit pas du même mécanisme de pouvoir. Non seulement parce qu'il s'agit ici de médecine, et là de loi; ici de dressage, là de pénalité; mais aussi parce que la tactique mise en œuvre n'est pas la même. En apparence, il s'agit bien dans les deux cas d'une tâche d'élimination toujours vouée à l'échec et contrainte toujours de recommencer. Mais l'interdit des « incestes » vise son objectif par une diminution asymptotique de ce qu'il condamne; le contrôle de la sexualité enfantine le vise par une diffusion simultanée de son propre pouvoir et de l'objet sur lequel il l'exerce. Il procède selon une double croissance prolongée à l'infini. Les pédagogues et les médecins ont bien combattu l'onanisme des enfants comme une épidémie qu'on voudrait éteindre. En fait, tout au long de cette campagne séculaire, qui a mobilisé le monde adulte autour du sexe des

enfants, il s'est agi de prendre appui sur ces plaisirs ténus, de les constituer comme secrets (c'est-à-dire de les contraindre à se cacher pour se permettre de les découvrir), d'en remonter le fil, de les suivre des origines aux effets, de traquer tout ce qui pourrait les induire ou seulement les permettre; partout où ils risquaient de se manifester, on a installé des dispositifs de surveillance, établi des pièges pour contraindre aux aveux, imposé des discours intarissables et correctifs; on a alerté les parents et les éducateurs, on a semé chez eux le soupçon que tous les enfants étaient coupables, et la peur d'être eux-mêmes coupables s'ils ne les soupçonnaient pas assez; on les a tenus en éveil devant ce danger récurrent; on leur a prescrit leur conduite et recodé leur pédagogie; sur l'espace familial, on a ancré les prises de tout un régime médico-sexuel. Le « vice » de l'enfant, ce n'est pas tellement un ennemi qu'un support; on peut bien le désigner comme le mal à supprimer; l'échec nécessaire, l'extrême acharnement à une tâche assez vaine font soupçonner qu'on lui demande de persister, de proliférer aux limites du visible et de l'invisible, plutôt que de disparaître pour toujours. Tout au long de cet appui, le pouvoir avance, multiplie ses relais et ses effets, cependant que sa cible s'étend, se subdivise et se ramifie, s'enfonçant dans le réel du même pas que lui. Il s'agit en apparence d'un dispositif de barrage; en fait, on a aménagé, tout autour de l'enfant, des *lignes de pénétration* indéfinie.

2. Cette chasse nouvelle aux sexualités périphériques entraîne une *incorporation des perver-*

sions et une *spécification nouvelle des individus.*
La sodomie — celle des anciens droits civil ou
canonique — était un type d'actes interdits; leur
auteur n'en était que le sujet juridique. L'homosexuel du xixe siècle est devenu un personnage :
un passé, une histoire et une enfance, un caractère, une forme de vie; une morphologie aussi,
avec une anatomie indiscrète et peut-être une physiologie mystérieuse. Rien de ce qu'il est au total
n'échappe à sa sexualité. Partout en lui, elle est
présente : sous-jacente à toutes ses conduites
parce qu'elle en est le principe insidieux et indéfiniment actif; inscrite sans pudeur sur son visage
et sur son corps parce qu'elle est un secret qui se
trahit toujours. Elle lui est consubstantielle, moins
comme un péché d'habitude que comme une nature
singulière. Il ne faut pas oublier que la catégorie psychologique, psychiatrique, médicale de
l'homosexualité s'est constituée du jour où on l'a
caractérisée — le fameux article de Westphal en
1870, sur les « sensations sexuelles contraires »
peut valoir comme date de naissance [1] — moins
par un type de relations sexuelles que par une certaine qualité de la sensibilité sexuelle, une certaine manière d'intervertir en soi-même le mas-
culin et le féminin. L'homosexualité est apparue
comme une des figures de la sexualité lorsqu'elle
a été rabattue de la pratique de la sodomie sur
une sorte d'androgynie intérieure, un hermaphro-
disme de l'âme. Le sodomite était un relaps,
l'homosexuel est maintenant une espèce.

---

1. Westphal, *Archiv für Neurologie*, 1870.

Comme sont espèces tous ces petits pervers que les psychiatres du XIXe siècle entomologisent en leur donnant d'étranges noms de baptême : il y a les exhibitionnistes de Lasègue, les fétichistes de Binet, les zoophiles et zooérastes de Krafft-Ebing, les auto-monosexualistes de Rohleder; il y aura les mixoscopophiles, les gynécomastes, les presbyophiles, les invertis sexoesthétiques et les femmes dyspareunistes. Ces beaux noms d'hérésies renvoient à une nature qui s'oublierait assez pour échapper à la loi, mais se souviendrait assez d'elle-même pour continuer à produire encore des espèces, même là où il n'y a plus d'ordre. La mécanique du pouvoir qui pourchasse tout ce disparate ne prétend le supprimer qu'en lui donnant une réalité analytique, visible et permanente : elle l'enfonce dans les corps, elle le glisse sous les conduites, elle en fait un principe de classement et d'intelligibilité, elle le constitue comme raison d'être et ordre naturel du désordre. Exclusion de ces mille sexualités aberrantes? Non pas, mais spécification, solidification régionale de chacune d'elles. Il s'agit, en les disséminant, de les parsemer dans le réel et de les incorporer à l'individu.

3. Plus que les vieux interdits, cette forme de pouvoir demande pour s'exercer des présences constantes, attentives, curieuses aussi; elle suppose des proximités; elle procède par examens et observations insistantes; elle requiert un échange de discours, à travers des questions qui extorquent des aveux, et des confidences qui débordent les interrogations. Elle implique une

approche physique et un jeu de sensations intenses. De cela, la médicalisation de l'insolite sexuel est à la fois l'effet et l'instrument. Engagées dans le corps, devenues caractère profond des individus, les bizarreries du sexe relèvent d'une technologie de la santé et du pathologique. Et inversement dès lors qu'elle est chose médicale ou médicalisable, c'est comme lésion, dysfonctionnement ou symptôme qu'il faut aller la surprendre dans le fond de l'organisme ou sur la surface de la peau ou parmi tous les signes du comportement. Le pouvoir qui, ainsi, prend en charge la sexualité, se met en devoir de frôler les corps; il les caresse des yeux; il en intensifie des régions; il électrise des surfaces; il dramatise des moments troubles. Il prend à bras-le-corps le corps sexuel. Accroissement des efficacités sans doute et extension du domaine contrôlé. Mais aussi sensualisation du pouvoir et bénéfice de plaisir. Ce qui produit un double effet : une impulsion est donnée au pouvoir par son exercice même; un émoi récompense le contrôle qui surveille et le porte plus loin; l'intensité de l'aveu relance la curiosité du questionnaire; le plaisir découvert reflue vers le pouvoir qui le cerne. Mais tant de questions pressantes singularisent, chez celui qui doit répondre, les plaisirs qu'il éprouve; le regard les fixe, l'attention les isole et les anime. Le pouvoir fonctionne comme un mécanisme d'appel, il attire, il extrait ces étrangetés sur lesquelles il veille. Le plaisir diffuse sur le pouvoir qui le traque; le pouvoir ancre le plaisir qu'il vient de débusquer. L'examen médical, l'investigation psychiatrique, le rapport pédagogique, les contrôles familiaux peuvent bien avoir pour objectif global et apparent de dire non à toutes les sexualités errantes ou improductives; de fait ils fonctionnent comme des mécanismes à double impulsion : plaisir et pouvoir. Plaisir d'exercer un pouvoir qui questionne, surveille, guette, épie, fouille, palpe, met au jour; et de l'autre côté, plaisir qui s'allume d'avoir à échapper à ce pouvoir, à le fuir, à le tromper ou à le travestir. Pouvoir qui se laisse envahir par le plaisir qu'il pourchasse; et en face de lui, pouvoir s'affirmant dans le plaisir de se montrer, de scandaliser, ou de résister. Captation et séduction; affrontement et renforcement réciproque : les parents et les enfants, l'adulte et l'adolescent, l'éducateur et les élèves, les médecins et les malades, le psychiatre avec son hystérique et ses pervers n'ont pas cessé de jouer ce jeu depuis le xixe siècle. Ces appels, ces esquives, ces incitations circulaires ont aménagé autour des sexes et des corps, non pas des frontières à ne pas franchir, mais *les spirales perpétuelles* du pouvoir et du plaisir.

4. De là ces *dispositifs de saturation sexuelle* si caractéristiques de l'espace et des rites sociaux du xixe siècle. On dit souvent que la société moderne a tenté de réduire la sexualité au couple — au couple hétérosexuel et autant que possible légitime. On pourrait dire aussi bien qu'il a sinon inventé, du moins soigneusement aménagé et fait proliférer les groupes à éléments multiples et à sexualité circulante : une distribution de points de pouvoir, hiérarchisés ou affrontés; des plaisirs

« poursuivis » — c'est-à-dire à la fois désirés et pourchassés; des sexualités parcellaires tolérées ou encouragées; des proximités qui se donnent comme procédés de surveillance, et qui fonctionnent comme des mécanismes d'intensification; des contacts inducteurs. Ainsi en est-il de la famille, ou plutôt de la maisonnée, avec parents, enfants et dans certains cas domestiques. La famille du xixe siècle est-elle bien une cellule monogamique et conjugale? Peut-être dans une certaine mesure. Mais elle est aussi un réseau de plaisirs-pouvoirs articulés selon des points multiples et avec des relations transformables. La séparation des adultes et des enfants, la polarité établie entre la chambre des parents et celle des enfants (elle est devenue canonique au cours du siècle quand on a entrepris de construire des logements populaires), la ségrégation relative des garçons et des filles, les consignes strictes de soins à donner aux nourrissons (allaitement maternel, hygiène), l'attention éveillée sur la sexualité infantile, les dangers supposés de la masturbation, l'importance accordée à la puberté, les méthodes de surveillance suggérées aux parents, les exhortations, les secrets et les peurs, la présence, à la fois valorisée et redoutée, des domestiques, tout cela fait de la famille, même ramenée à ses plus petites dimensions, un réseau complexe, saturé de sexualités multiples, fragmentaires et mobiles. Les réduire à la relation conjugale, quitte à projeter celle-ci, sous forme de désir interdit, sur les enfants, ne peut rendre compte de ce dispositif qui est, par rapport à ces sexualités, moins principe d'inhibition que mécanisme incitateur et multiplicateur. Les institutions scolaires ou psychiatriques, avec leur population nombreuse, leur hiérarchie, leurs aménagements spatiaux, leur système de surveillance, constituent, à côté de la famille, une autre façon de distribuer le jeu des pouvoirs et des plaisirs; mais elles dessinent, elles aussi, des régions de haute saturation sexuelle, avec des espaces ou des rites privilégiés comme la salle de classe, le dortoir, la visite ou la consultation. Les formes d'une sexualité non conjugale, non hétérosexuelle, non monogame y sont appelées et installées.

La société « bourgeoise » du xixᵉ siècle, la nôtre encore sans doute, est une société de la perversion éclatante et éclatée. Et ceci non point sur le mode de l'hypocrisie, car rien n'a été plus manifeste et prolixe, plus manifestement pris en charge par les discours et les institutions. Non point parce que, pour avoir voulu dresser contre la sexualité un barrage trop rigoureux ou trop général, elle aurait malgré elle donné lieu à tout un bourgeonnement pervers et à une longue pathologie de l'instinct sexuel. Il s'agit plutôt du type de pouvoir qu'elle a fait fonctionner sur le corps et sur le sexe. Ce pouvoir justement n'a ni la forme de la loi ni les effets de l'interdit. Il procède au contraire par démultiplication des sexualités singulières. Il ne fixe pas de frontières à la sexualité; il en prolonge les formes diverses, en les poursuivant selon des lignes de pénétration indéfinie. Il ne l'exclut pas, il l'inclut dans le corps comme mode de spécification des individus. Il ne cherche pas à l'esquiver; il attire ses variétés par des spirales où plaisir et pouvoir se renforcent; il n'établit pas de barrage; il aménage des lieux de saturation maximale. Il produit et fixe le disparate sexuel. La société moderne est perverse, non point en dépit de son puritanisme ou comme par le contre-coup de son hypocrisie; elle est perverse réelle-ment et directement.

Réellement. Les sexualités multiples — celles qui apparaissent avec les âges (sexualités du nourrisson ou de l'enfant), celles qui se fixent dans des goûts ou des pratiques (sexualité de l'in-verti, du gérontophile, du fétichiste...), celles qui investissent de façon diffuse des relations (sexua-lité du rapport médecin-malade, pédagogue-élève, psychiatre-fou), celles qui hantent les espaces (sexualité du foyer, de l'école, de la pri-son) — toutes forment le corrélat de procédures précises de pouvoir. Il ne faut pas imaginer que toutes ces choses jusque-là tolérées ont attiré l'attention et reçu une qualification péjorative, lorsqu'on a voulu donner un rôle régulateur au seul type de sexualité susceptible de reproduire la force de travail et la forme de la famille. Ces comportements polymorphes ont été réellement extraits du corps des hommes et de leurs plaisirs; ou plutôt ils ont été solidifiés en eux; ils ont été, par de multiples dispositifs de pouvoir appelés, mis au jour, isolés, intensifiés, incorporés. La croissance des perversions n'est pas un thème moralisateur qui aurait obsédé les esprits scrupu-leux des victoriens. C'est le produit réel de l'inter-férence d'un type de pouvoir sur les corps et leurs plaisirs. Il se peut que l'Occident n'ait pas été capable d'inventer des plaisirs nouveaux, et sans doute n'a-t-il pas découvert de vices inédits. Mais il a défini de nouvelles règles au jeu des pouvoirs et des plaisirs : le visage figé des perversions s'y est dessiné.

Directement. Cette implantation des perversions multiples n'est pas une moquerie de la sexualité se vengeant d'un pouvoir qui lui imposerait une loi répressive à l'excès. Il ne s'agit pas non plus de formes paradoxales de plaisir se retournant vers le pouvoir pour l'investir sous la forme d'un « plaisir à subir ». L'implantation des perversions est un effet-instrument : c'est par l'isolement, l'intensification et la consolidation des sexualités périphériques que les relations du pouvoir au sexe et au plaisir se ramifient, se multiplient, arpentent le corps et pénètrent les conduites. Et sur cette avancée des pouvoirs, se fixent des sexualités disséminées, épinglées à un âge, à un lieu, à un goût, à un type de pratiques. Prolifération des sexualités par l'extension du pouvoir; majoration du pouvoir auquel chacune de ces sexualités régionales donne une surface d'intervention : cet enchaînement, depuis le xixe siècle surtout, est assuré et relayé par les innombrables profits économiques qui grâce à l'intermédiaire de la médecine, de la psychiatrie, de la prostitution, de la pornographie, se sont branchés à la fois sur cette démultiplication analytique du plaisir et cette majoration du pouvoir qui le contrôle. Plaisir et pouvoir ne s'annulent pas; ils ne se retournent pas l'un contre l'autre;

ils se poursuivent, se chevauchent et se relancent. Ils s'enchaînent selon des mécanismes complexes et positifs d'excitation et d'incitation.

Il faut donc sans doute abandonner l'hypothèse que les sociétés industrielles modernes ont inauguré sur le sexe un âge de répression accrue. Non seulement on assiste à une explosion visible des sexualités hérétiques. Mais surtout — et c'est là le point important — un dispositif fort différent de la loi, même s'il s'appuie localement sur des procédures d'interdiction, assure, par un réseau de mécanismes qui s'enchaînent, la prolifération de plaisirs spécifiques et la multiplication de sexualités disparates. Aucune société n'aurait été plus pudibonde, dit-on, jamais les instances de pouvoir n'auraient mis plus de soin à feindre d'ignorer ce qu'elles interdisaient, comme si elles ne voulaient avoir avec lui aucun point commun. C'est l'inverse qui apparaît, au moins à un survol général : jamais davantage de centres de pouvoirs; jamais plus d'attention manifeste et prolixe; jamais plus de contacts et de liens circulaires; jamais plus de foyers où s'allument, pour se disséminer plus loin, l'intensité des plaisirs et l'obstination des pouvoirs.

III

Scientia sexualis

Je suppose qu'on m'accorde les deux premiers points; j'imagine qu'on accepte de dire que le discours sur le sexe, depuis trois siècles maintenant, a été multiplié plutôt que raréfié; et que s'il a porté avec lui des interdits et des prohibitions, il a d'une façon plus fondamentale assuré la solidification et l'implantation de tout un disparate sexuel. Il n'en demeure pas moins que tout cela semble n'avoir joué essentiellement qu'un rôle de défense. A tant en parler, à le découvrir démultiplié, cloisonné et spécifié là justement où on l'a inséré, on ne chercherait au fond qu'à masquer le sexe : discours-écran, dispersion-évitement. Jusqu'à Freud au moins, le discours sur le sexe — le discours des savants et des théoriciens — n'aurait guère cessé d'occulter ce dont il parlait. On pourrait prendre toutes ces choses dites, précautions méticuleuses et analyses détaillées pour autant de procédures destinées à esquiver l'insupportable, la trop périlleuse vérité du sexe. Et le seul fait qu'on ait prétendu en parler du point de vue purifié et neutre d'une science est en lui-

même significatif. C'était en effet une science
faite d'esquives puisque dans l'incapacité ou le
refus de parler du sexe lui-même, elle s'est réfé-
rée surtout à ses aberrations, perversions, bizarreries exceptionnelles, annulations pathologiques,
exaspérations morbides. C'était également une
science subordonnée pour l'essentiel aux impératifs d'une morale dont elle a, sous les espèces
de la norme médicale, réitéré les partages. Sous
prétexte de dire vrai, partout elle allumait des
peurs; elle prêtait aux moindres oscillations de
la sexualité une dynastie imaginaire de maux
destinés à se répercuter sur des générations; elle
a affirmé dangereuses pour la société tout entière
les habitudes furtives des timides et les petites
manies les plus solitaires; au bout des plaisirs
insolites, elle n'a placé rien moins que la mort :
celle des individus, celle des générations, celle de
l'espèce.

Elle s'est liée ainsi à une pratique médicale
insistante et indiscrète, volubile à proclamer ses
dégoûts, prompte à courir au secours de la loi et
de l'opinion, plus servile à l'égard des puissances
d'ordre que docile à l'égard des exigences du
vrai. Involontairement naïve dans les cas les
meilleurs, et dans les plus fréquents, volontaire-
ment mensongère, complice de ce qu'elle dénon-
çait, hautaine et frôleuse, elle a instauré toute
une polissonnerie du morbide, caractéristique du
xixe siècle finissant; des médecins comme Garnier,
Pouillet, Ladoucette en ont été, en France, les
scribes sans gloire, et Rollinat le chantre. Mais,
au-delà de ces plaisirs troubles, elle revendi-

quait d'autres pouvoirs; elle se posait en instance souveraine des impératifs d'hygiène, ramassant les vieilles peurs du mal vénérien avec les thèmes nouveaux de l'asepsie, les grands mythes évolutionnistes avec les institutions récentes de la santé publique; elle prétendait assurer la vigueur physique et la propreté morale du corps social; elle promettait d'éliminer les titulaires de tares, les dégénérés et les populations abâtardies. Au nom d'une urgence biologique et historique, elle justifiait les racismes d'État, alors imminents. Elle les fondait en « vérité ».

Quand on compare ces discours sur la sexualité humaine, à ce qu'était à la même époque la physiologie de la reproduction animale ou végétale, le décalage surprend. Leur faible teneur, je ne dis même pas en scientificité, mais en rationalité élémentaire, les met à part dans l'histoire des connaissances. Ils forment une zone étrangement brouillée. Le sexe, tout au long du XIXᵉ siècle, semble s'inscrire sur deux registres de savoir bien distincts : une biologie de la reproduction, qui s'est développée continûment selon une normativité scientifique générale et une médecine du sexe obéissant à de tout autres règles de formation. De l'une à l'autre, aucun échange réel, aucune structuration réciproque; la première n'a guère joué, par rapport à l'autre, que le rôle d'une lointaine garantie, et bien fictive : une caution globale sous le couvert de laquelle les obstacles moraux, les options économiques ou politiques, les peurs traditionnelles pouvaient se réécrire dans un vocabulaire de consonance scientifique.

Tout se passerait comme si une résistance fondamentale s'opposait à ce que soit tenu sur le sexe humain, ses corrélations et ses effets, un discours de forme rationnelle. Une telle dénivellation serait bien le signe qu'il s'agissait en ce genre de discours, non point de dire la vérité, mais d'empêcher seulement qu'elle s'y produise. Sous la différence entre la physiologie de la reproduction et la médecine de la sexualité, il faudrait voir autre chose et plus qu'un progrès scientifique inégal ou une dénivellation dans les formes de la rationalité; l'une relèverait de cette immense volonté de savoir qui a supporté l'institution du discours scientifique en Occident; tandis que l'autre relèverait d'une volonté obstinée de non-savoir.

C'est indéniable : le discours savant qui fut tenu sur le sexe au XIXᵉ siècle a été traversé de crédulités sans âge, mais aussi d'aveuglements systématiques : refus de voir et d'entendre; mais — et, c'est là sans doute le point essentiel — refus qui portait sur cela même qu'on faisait apparaître, ou dont on sollicitait impérieusement la formulation. Car, il ne peut y avoir de méconnaissance que sur le fond d'un rapport fondamental à la vérité. L'esquiver, lui barrer l'accès, la masquer : autant de tactiques locales, qui viennent comme en surimpression, et par un détour de dernière instance, donner une forme paradoxale à une pétition essentielle de savoir. Ne pas vouloir reconnaître, c'est encore une péripétie de la volonté de vérité. Que la Salpêtrière de Charcot serve ici d'exemple : c'était un immense appareil d'observation, avec ses examens, ses interrogatoires, ses expériences, mais c'était aussi une machinerie d'incitation, avec ses présentations publiques, son théâtre des crises rituelles soigneusement préparées à l'éther ou au nitrate d'amyl, son jeu de dialogues, de palpations, de mains qu'on impose, de postures que les médecins, d'un geste ou d'une parole, suscitent ou effacent, avec la hiérarchie du personnel qui épie, organise, provoque, note, rapporte, et qui accumule une immense pyramide d'observations et de dossiers. Or, c'est sur fond de cette incitation permanente au discours et à la vérité, que viennent jouer les mécanismes propres de la méconnaissance : ainsi le geste de Charcot interrompant une consultation publique où il commençait à être trop manifestement question de « ça » ; ainsi plus fréquemment, l'effacement progressif, au fil des dossiers de ce qui, en fait de sexe, avait été dit et montré par les malades, mais aussi vu, appelé, sollicité par les médecins eux-mêmes, et que les observations publiées élident presque entièrement [1]. L'important, dans cette histoire, n'est pas qu'on se soit bouché les yeux ou les oreilles ni qu'on se soit trompé ; c'est d'abord

---

1. Cf. par exemple, Bourneville, *Iconographie de la Salpêtrière*, pp. 110 et suiv. Les documents inédits sur les leçons de Charcot, qu'on peut encore trouver à la Salpêtrière, sont sur ce point encore plus explicites que les textes publiés. Les jeux de l'incitation et de l'élision s'y lisent fort clairement. Une note manuscrite rapporte la séance du 25 novembre 1877. Le sujet présente une contracture hystérique ; Charcot suspend une crise en plaçant les mains d'abord puis l'extrémité d'un bâton sur les ovaires. Il retire le bâton, la crise reprend, qu'il fait accélérer par des inhalations de nitrate d'amyl. La malade alors réclame le bâton-sexe dans des mots qui, eux, ne comportent aucune métaphore : « On fait disparaître G. dont le délire continue. »

qu'on ait construit autour du sexe et à propos de
lui un immense appareil à produire, quitte à la
masquer au dernier moment, la vérité. L'important, c'est que le sexe n'ait pas été seulement
affaire de sensation et de plaisir, de loi ou d'interdiction, mais aussi de vrai et de faux, que la vérité
du sexe soit devenue chose essentielle, utile ou
dangereuse, précieuse ou redoutable, bref, que le
sexe ait été constitué comme un enjeu de vérité.
A repérer donc, non pas le seuil d'une rationalité
nouvelle dont Freud — ou un autre — marquerait
la découverte, mais la formation progressive (et
les transformations aussi) de ce « jeu de la vérité
et du sexe » que le xixe siècle nous a légué, et dont
rien ne prouve, même si nous l'avons modifié, que
nous en sommes affranchis. Méconnaissances,
dérobades, esquives n'ont été possibles, et n'ont
pris leurs effets que sur fond de cette étrange
entreprise : dire la vérité du sexe. Entreprise qui
ne date pas du xixe siècle, même si alors le projet
d'une « science » lui a prêté une forme singulière.
Elle est le socle de tous les discours aberrants,
naïfs et rusés, où le savoir du sexe semble s'être
si longtemps égaré.

*

Il y a historiquement deux grandes procédures
pour produire la vérité du sexe.

D'un côté, les sociétés — et elles ont été nombreuses : la Chine, le Japon, l'Inde, Rome, les
sociétés arabo-musulmanes — qui se sont dotées

d'une *ars erotica*. Dans l'art érotique, la vérité est extraite du plaisir lui-même, pris comme pratique et recueilli comme expérience; ce n'est pas par rapport à une loi absolue du permis et du défendu, ce n'est point par référence à un critère d'utilité, que le plaisir est pris en compte; mais, d'abord et avant tout par rapport à lui-même, il y est à connaître comme plaisir, donc selon son intensité, sa qualité spécifique, sa durée, ses réverbérations dans le corps et l'âme. Mieux : ce savoir doit être reversé, à mesure, dans la pratique sexuelle elle-même, pour la travailler comme de l'intérieur et amplifier ses effets. Ainsi, se constitue un savoir qui doit demeurer secret, non point à cause d'un soupçon d'infamie qui marquerait son objet, mais par la nécessité de le tenir dans la plus grande réserve, puisque, selon la tradition, il perdrait à être divulgué son efficace et sa vertu. Le rapport au maître détenteur des secrets est donc fondamental; seul, celui-ci peut le transmettre sur le mode ésotérique et au terme d'une initiation où il guide, avec un savoir et une sévérité sans faille, le cheminement du disciple. De cet art magistral, les effets, bien plus généreux que ne le laisserait supposer la sécheresse de ses recettes, doivent transfigurer celui sur qui il fait tomber ses privilèges : maîtrise absolue du corps, jouissance unique, oubli du temps et des limites, élixir de longue vie, exil de la mort et de ses menaces.

Notre civilisation, en première approche du moins, n'a pas d'*ars erotica*. En revanche, elle est la seule, sans doute, à pratiquer une *scientia sexualis*. Ou plutôt, à avoir développé au cours des siècles, pour dire la vérité du sexe, des procédures qui s'ordonnent pour l'essentiel à une forme de pouvoir-savoir rigoureusement opposée à l'art des initiations et au secret magistral : il s'agit de l'aveu.

Depuis le Moyen Age au moins, les sociétés occidentales ont placé l'aveu parmi les rituels majeurs dont on attend la production de vérité : réglementation du sacrement de pénitence par le Concile de Latran, en 1215, développement des techniques de confession qui s'en est suivi, recul dans la justice criminelle des procédures accusatoires, disparition des épreuves de culpabilité (serments, duels, jugements de Dieu) et développement des méthodes d'interrogation et d'enquête, part de plus en plus grande prise par l'administration royale dans la poursuite des infractions et ceci aux dépens des procédés de transaction privée, mise en place des tribunaux d'Inquisition, tout cela a contribué à donner à l'aveu un rôle central dans l'ordre des pouvoirs civils et religieux. L'évolution du mot « aveu » et de la fonction juridique qu'il a désignée est en elle-même caractéristique : de l'« aveu », garantie de statut, d'identité et de valeur accordée à quelqu'un par un autre, on est passé à l'« aveu », reconnaissance par quelqu'un de ses propres actions ou pensées. L'individu s'est longtemps authentifié par la référence des autres et la manifestation de son lien à autrui (famille, allégeance, protection); puis on l'a authentifié par le discours de vérité qu'il était capable ou obligé de tenir sur lui-même. L'aveu de la vérité s'est inscrit au cœur des procédures d'individualisation par le pouvoir.

En tout cas, à côté des rituels de l'épreuve, à côté des cautions données par l'autorité de la tradition, à côté des témoignages, mais aussi des procédés savants d'observation et de démonstration, l'aveu est devenu, en Occident, une des techniques les plus hautement valorisées pour produire le vrai. Nous sommes devenus, depuis lors, une société singulièrement avouante. L'aveu a diffusé loin ses effets : dans la justice, dans la médecine, dans la pédagogie, dans les rapports familiaux, dans les relations amoureuses, dans l'ordre le plus quotidien, et dans les rites les plus solennels; on avoue ses crimes, on avoue ses péchés, on avoue ses pensées et ses désirs, on avoue son passé et ses rêves, on avoue son enfance; on avoue ses maladies et ses misères; on s'emploie avec la plus grande exactitude à dire ce qu'il y a de plus difficile à dire; on avoue en public et en privé, à ses parents, à ses éducateurs, à son médecin, à ceux qu'on aime; on se fait à soi-même, dans le plaisir et la peine, des aveux impossibles à tout autre, et dont on fait des livres. On avoue — ou on est forcé d'avouer. Quand il n'est pas spontané, ou imposé par quelque impératif intérieur, l'aveu est extorqué; on le débusque dans l'âme ou on l'arrache au corps. Depuis le Moyen Age, la torture l'accompagne comme une ombre, et le soutient quand il se dérobe : noirs jumeaux[1].

---

1. Le droit grec avait déjà couplé la torture et l'aveu, au moins pour les esclaves. Le droit romain impérial avait élargi la pratique. Ces questions seront reprises dans le *Pouvoir de la vérité*.

Comme la tendresse la plus désarmée, les plus sanglants des pouvoirs ont besoin de confession. L'homme, en Occident, est devenu une bête d'aveu.

De là sans doute une métamorphose dans la littérature : d'un plaisir de raconter et d'entendre, qui était centré sur le récit héroïque ou merveilleux des « épreuves » de bravoure ou de sainteté, on est passé à une littérature ordonnée à la tâche infinie de faire lever du fond de soi-même, entre les mots, une vérité que la forme même de l'aveu fait miroiter comme l'inaccessible. De là aussi, cette autre manière de philosopher : chercher le rapport fondamental au vrai, non pas simplement en soi-même — dans quelque savoir oublié, ou dans une certaine trace originaire — mais dans l'examen de soi-même qui délivre, à travers tant d'impressions fugitives, les certitudes fondamentales de la conscience. L'obligation de l'aveu nous est maintenant renvoyée à partir de tant de points différents, elle nous est désormais si profondément incorporée que nous ne la percevons plus comme l'effet d'un pouvoir qui nous contraint; il nous semble au contraire que la vérité, au plus secret de nous-même, ne « demande » qu'à se faire jour; que si elle n'y accède pas, c'est qu'une contrainte la retient, que la violence d'un pouvoir pèse sur elle, et qu'elle ne pourra s'articuler enfin qu'au prix d'une sorte de libération. L'aveu affranchit, le pouvoir réduit au silence; la vérité n'appartient pas à l'ordre du pouvoir, mais elle est dans une parenté originaire avec la liberté : autant de thèmes traditionnels dans la philosophie, qu'une

« histoire politique de la vérité » devrait retourner
en montrant que la vérité n'est pas libre par
nature, ni l'erreur serve, mais que sa production
est tout entière traversée des rapports de pouvoir.
L'aveu en est un exemple.

Il faut être soi-même bien piégé par cette ruse
interne de l'aveu, pour prêter à la censure, à
l'interdiction de dire et de penser, un rôle fondamental; il faut se faire une représentation bien
inversée du pouvoir pour croire que nous parlent
de liberté toutes ces voix qui, depuis tant de
temps, dans notre civilisation, ressassent la formidable injonction d'avoir à dire ce qu'on est, ce
qu'on a fait, ce dont on se souvient et ce qu'on a
oublié, ce qu'on cache et ce qui se cache, ce à
quoi on ne pense pas et ce qu'on pense ne pas
penser. Immense ouvrage auquel l'Occident a
plié des générations pour produire — pendant
que d'autres formes de travail assuraient l'accumulation du capital — l'assujettissement des
hommes; je veux dire leur constitution comme
« sujets », aux deux sens du mot. Qu'on s'imagine
combien dut paraître exorbitant, au début du
xIII^e siècle, l'ordre donné à tous les chrétiens
d'avoir à s'agenouiller une fois l'an au moins
pour avouer, sans en omettre une seule, chacune
de leurs fautes. Et, qu'on songe, sept siècles plus
tard, à ce partisan obscur venu rejoindre, au fond
de la montagne, la résistance serbe; ses chefs lui
demandent d'écrire sa vie; et quand il apporte ces
quelques pauvres feuilles, griffonnées dans la
nuit, on ne les regarde pas, on lui dit seulement :
« Recommence, et dis la vérité. » Les fameux

interdits de langage auxquels on prête tant de poids devraient-ils faire oublier ce joug millénaire de l'aveu?

Or, depuis la pénitence chrétienne jusqu'aujourd'hui, le sexe fut matière privilégiée de confession. Ce qu'on cache, dit-on. Et si c'était au contraire ce que, d'une façon toute particulière, on avoue? Si l'obligation de le cacher n'était qu'un autre aspect du devoir de l'avouer (le celer d'autant mieux et avec d'autant plus de soin que l'aveu en est plus important, exige un rituel plus strict et promet des effets plus décisifs)? Si le sexe était, dans notre société, à une échelle de plusieurs siècles maintenant, ce qui est placé sous le régime sans défaillance de l'aveu? La mise en discours du sexe dont on parlait plus haut, la dissémination et le renforcement du disparate sexuel sont peut-être deux pièces d'un même dispositif; elles s'y articulent grâce à l'élément central d'un aveu qui contraint à l'énonciation véridique de la singularité sexuelle — aussi extrême qu'elle soit. En Grèce, la vérité et le sexe se liaient dans la forme de la pédagogie, par la transmission, corps à corps, d'un savoir précieux; le sexe servait de support aux initiations de la connaissance. Pour nous, c'est dans l'aveu que se lient la vérité et le sexe, par l'expression obligatoire et exhaustive d'un secret individuel. Mais, cette fois, c'est la vérité qui sert de support au sexe et à ses manifestations.

Or, l'aveu est un rituel de discours où le sujet qui parle coïncide avec le sujet de l'énoncé; c'est aussi un rituel qui se déploie dans un rapport de pouvoir, car on n'avoue pas sans la présence au moins virtuelle d'un partenaire qui n'est pas simplement l'interlocuteur, mais l'instance qui requiert l'aveu, l'impose, l'apprécie et intervient pour juger, punir, pardonner, consoler, réconcilier; un rituel où la vérité s'authentifie de l'obstacle et des résistances qu'elle a eu à lever pour se formuler; un rituel enfin où la seule énonciation, indépendamment de ses conséquences externes, produit, chez qui l'articule, des modifications intrinsèques : elle l'innocente, elle le rachète, elle le purifie, elle le décharge de ses fautes, elle le libère, elle lui promet le salut. Pendant des siècles, la vérité du sexe a été prise, au moins pour l'essentiel, dans cette forme discursive. Et, non point dans celle de l'enseignement (l'éducation sexuelle se limitera aux principes généraux et aux règles de prudence); non point dans celle de l'initiation (restée pour l'essentiel une pratique muette, que l'acte de déniaiser ou de déflorer rend seulement risible ou violente). C'est une forme, on le voit bien, qui est au plus loin de celle qui régit « l'art érotique ». Par la structure de pouvoir qui lui est immanente, le discours de l'aveu ne saurait venir d'en haut, comme dans l'*ars erotica,* et par la volonté souveraine du maître, mais d'en bas, comme une parole requise, obligée, faisant sauter par quelque contrainte impérieuse les sceaux de la retenue ou de l'oubli. Ce qu'il suppose de secret n'est pas lié au prix élevé de ce qu'il a à dire et au petit nombre de ceux qui méritent d'en bénéficier; mais à son obscure familiarité et à sa bassesse générale. Sa vérité n'est pas garantie par l'autorité hautaine du magistère ni par la tradition qu'il transmet, mais par le lien, l'appartenance essentielle dans le discours entre celui qui parle et ce dont il parle. En revanche, l'instance de domination n'est pas du côté de celui qui parle (car c'est lui qui est contraint) mais du côté de celui qui écoute et se tait; non pas du côté de celui qui sait et fait réponse, mais du côté de celui qui interroge et n'est pas censé savoir. Et ce discours de vérité enfin prend effet, non pas dans celui qui le reçoit, mais dans celui auquel on l'arrache. Nous sommes au plus loin, avec ces vérités avouées, des initiations savantes au plaisir, avec leur technique et leur mystique. Nous appartenons, en revanche, à une société qui a ordonné, non dans la transmission du secret, mais autour de la lente montée de la confidence, le difficile savoir du sexe.

*

L'aveu a été, et demeure encore aujourd'hui, la matrice générale qui régit la production du discours vrai sur le sexe. Il a été toutefois considérablement transformé. Longtemps, il était resté solidement encastré dans la pratique de la pénitence. Mais, peu à peu, depuis le protestantisme, la Contre-Réforme, la pédagogie du xviiie siècle et la médecine du xixe, il a perdu sa localisation rituelle et exclusive; il a diffusé; on l'a utilisé dans toute une série de rapports : enfants et parents, élèves et pédagogues, malades et psychiatres, délinquants et experts. Les motivations et les effets qu'on en attend se sont diversifiés, de même que les formes qu'il prend : interrogatoires, consultations, récits autobiographiques, lettres; ils sont consignés, transcrits, réunis en dossiers, publiés et commentés. Mais surtout l'aveu s'ouvre, sinon à d'autres domaines, au moins à de nouvelles manières de les parcourir. Il ne s'agit plus seulement de dire ce qui a été fait — l'acte sexuel — et comment; mais de restituer en lui et autour de lui, les pensées qui l'ont doublé, les obsessions qui l'accompagnent, les images, les désirs, les modulations et la qualité du plaisir qui l'habitent. Pour la première fois sans doute une société s'est penchée pour solliciter et entendre la confidence même des plaisirs individuels.

Dissémination, donc, des procédures d'aveu, localisation multiple de leur contrainte, extension de leur domaine : il s'est constitué peu à peu une grande archive des plaisirs du sexe. Cette archive s'est longtemps effacée à mesure qu'elle se constituait. Elle passait sans traces (ainsi le voulait la confession chrétienne), jusqu'à ce que la médecine, la psychiatrie, la pédagogie aussi, aient commencé à la solidifier : Campe, Salzmann, puis surtout Kaan, Krafft-Ebing, Tardieu, Molle, Havelock Ellis, ont réuni avec soin toute cette lyrique pauvre du disparate sexuel. Ainsi les sociétés occidentales ont commencé à tenir le registre indéfini de leurs plaisirs. Elles en ont établi l'herbier, instauré la classification; elles ont décrit les déficiences quotidiennes comme les bizarreries ou les exaspérations. Moment important : il est facile de rire des psychiatres du xixe siècle, qui s'excusaient avec emphase des horreurs auxquelles ils allaient devoir donner la parole, en évoquant les « attentats aux mœurs » ou les « aberrations des sens génésiques ». Je serais prêt plutôt à saluer leur sérieux : ils avaient le sens de l'événement. C'était le moment où les plaisirs les plus singuliers étaient appelés à tenir sur eux-mêmes un discours de vérité qui avait à s'articuler non plus sur celui qui parle du péché et du salut, de la mort et de l'éternité, mais sur celui qui parle du corps et de la vie — sur le discours de la science. Il y avait de quoi faire trembler les mots; se constituait alors cette chose improbable : une science-aveu, une science qui prenait appui sur les rituels de l'aveu et sur ses contenus, une science qui supposait cette extorsion multiple et insistante, et se donnait pour objet l'inavouable-avoué. Scandale, bien sûr, répulsion en tout cas du discours scientifique, si hautement institutionnalisé au xixe siècle, quand il dut prendre en charge tout ce discours d'en bas. Paradoxe théorique aussi et de méthode : les longues discussions sur la possibilité de constituer une science du sujet, la validité de l'introspection, l'évidence du vécu, ou la présence à soi de la conscience, répondaient sans doute à ce problème qui était inhérent au fonctionnement des discours de vérité dans notre société : peut-on articuler la production de la vérité selon le vieux modèle juridico-religieux de l'aveu, et l'extorsion de la confidence selon la

règle du discours scientifique? Laissons dire ceux
qui croient que la vérité du sexe a été élidée plus
rigoureusement que jamais au xixe siècle, par un
redoutable mécanisme de barrage et un déficit
central du discours. Déficit, non pas, mais sur-
charge, reduplication, plutôt trop que pas assez
de discours, en tout cas interférence entre deux
modalités de production du vrai : les procédures
d'aveu et la discursivité scientifique.

Et, au lieu de faire le compte des erreurs, des
naïvetés, des moralismes qui ont peuplé au
xixe siècle les discours de vérité sur le sexe, il
vaudrait mieux repérer les procédés par lesquels
cette volonté de savoir relative au sexe, qui caractérise l'Occident moderne, a fait fonctionner les
rituels de l'aveu dans les schémas de la régularité
scientifique : comment est-on parvenu à constituer cette immense et traditionnelle extorsion
d'aveu sexuel dans des formes scientifiques?

1. *Par une codification clinique du « faire-
parler »* : combiner la confession avec l'examen,
le récit de soi-même avec le déploiement d'un
ensemble de signes et de symptômes déchiffrables;
l'interrogatoire, le questionnaire serré, l'hypnose
avec le rappel des souvenirs, les associations
libres : autant de moyens pour réinscrire la procédure d'aveu dans un champ d'observations
scientifiquement acceptables.

2. *Par le postulat d'une causalité générale et
diffuse* : devoir tout dire, pouvoir interroger sur
tout, trouvera sa justification dans le principe que

le sexe est doté d'un pouvoir causal inépuisable et polymorphe. L'événement le plus discret dans la conduite sexuelle — accident ou déviation, déficit ou excès — est supposé capable d'entraîner les conséquences les plus variées tout au long de l'existence; il n'est guère de maladie ou de trouble physique auquel le xixᵉ siècle n'ait imaginé une part au moins d'étiologie sexuelle. Des mauvaises habitudes des enfants aux phtisies des adultes, aux apoplexies des vieillards, aux maladies nerveuses et aux dégénérescences de la race, la médecine d'alors a tissé tout un réseau de causalité sexuelle. Il peut bien nous paraître fantastique. Le principe du sexe « cause de tout et de n'importe quoi » est l'envers théorique d'une exigence technique : faire fonctionner dans une pratique de type scientifique les procédures d'un aveu qui devait être à la fois total, méticuleux et constant. Les dangers illimités que porte avec lui le sexe justifient le caractère exhaustif de l'inquisition à laquelle on le soumet.

3. *Par le principe d'une latence intrinsèque à la sexualité* : s'il faut arracher la vérité du sexe par la technique de l'aveu, ce n'est pas simplement parce qu'elle est difficile à dire, ou frappée par les interdits de la décence. Mais, parce que le fonctionnement du sexe est obscur; parce qu'il est de sa nature d'échapper et que son énergie comme ses mécanismes se dérobent; parce que son pouvoir causal est en partie clandestin. En l'intégrant à un projet de discours scientifique, le xixᵉ siècle a déplacé l'aveu; il tend à ne plus porter seulement

sur ce que le sujet voudrait bien cacher; mais, sur ce qui lui est caché à lui-même, ne pouvant venir à la lumière que petit à petit et par le travail d'un aveu auquel, chacun de leur côté, participent l'interrogateur et l'interrogé. Le principe d'une latence essentielle à la sexualité permet d'articuler sur une pratique scientifique la contrainte d'un aveu difficile. Il faut bien l'arracher, et de force, puisque ça se cache.

4. *Par la méthode de l'interprétation* : s'il faut avouer, ce n'est pas seulement parce que celui auquel on avoue aurait le pouvoir de pardonner, de consoler et de diriger. C'est que le travail de la vérité à produire, si on veut scientifiquement le valider, doit passer par cette relation. Elle ne réside pas dans le seul sujet qui, en avouant, la porterait toute faite à la lumière. Elle se constitue en partie double : présente, mais incomplète, aveugle à elle-même chez celui qui parle, elle ne peut s'achever que chez celui qui la recueille. A lui de dire la vérité de cette vérité obscure : il faut doubler la révélation de l'aveu par le déchiffrement de ce qu'il dit. Celui qui écoute ne sera pas simplement le maître du pardon, le juge qui condamne ou tient quitte; il sera le maître de la vérité. Sa fonction est herméneutique. Par rapport à l'aveu, son pouvoir n'est pas seulement de l'exiger, avant qu'il soit fait, ou de décider, après qu'il a été proféré; il est de constituer, à travers lui et en le décryptant, un discours de vérité. En faisant de l'aveu, non plus une preuve, mais un signe, et de la sexualité quelque

chose à interpréter, le xix⁰ siècle s'est donné la possibilité de faire fonctionner les procédures d'aveu dans la formation régulière d'un discours scientifique.

5. *Par la médicalisation des effets de l'aveu :* l'obtention de l'aveu et ses effets sont recodés dans la forme d'opérations thérapeutiques. Ce qui veut dire d'abord que le domaine du sexe ne sera plus placé seulement sur le registre de la faute et du péché, de l'excès ou de la transgression, mais sous le régime (qui n'en est d'ailleurs que la transposition) du normal et du pathologique; on définit pour la première fois une morbidité propre au sexuel; le sexe apparaît comme un champ de haute fragilité pathologique : surface de répercussion pour les autres maladies, mais aussi foyer d'une nosographie propre, celle de l'instinct, des penchants, des images, du plaisir, de la conduite. Cela veut dire aussi que l'aveu prendra son sens et sa nécessité parmi les interventions médicales : exigé par le médecin, nécessaire pour le diagnostic et efficace, par lui-même, dans la cure. Le vrai, s'il est dit à temps, à qui il faut, et par celui qui en est à la fois le détenteur et le responsable, guérit.

Prenons des repères historiques larges : notre société, en rompant avec les traditions de l'*ars erotica,* s'est donné une *scientia sexualis.* Plus précisément, elle a poursuivi la tâche de produire des discours vrais sur le sexe, et ceci en ajustant, non sans mal, l'ancienne procédure de l'aveu sur les règles du discours scientifique. La *scientia sexualis*, développée à partir du xixᵉ siècle, garde paradoxalement pour noyau le rite singulier de la confession obligatoire et exhaustive, qui fut dans l'Occident chrétien la première technique pour produire la vérité du sexe. Ce rite, depuis le xviᵉ, s'était peu à peu détaché du sacrement de pénitence, et par l'intermédiaire de la conduction des âmes et de la direction de conscience — *ars artium* — il a émigré vers la pédagogie, vers les rapports des adultes et des enfants, vers les relations familiales, vers la médecine et la psychiatrie. En tout cas, depuis cent cinquante ans bientôt, un dispositif complexe est en place pour produire sur le sexe des discours vrais : un dispositif qui enjambe largement l'histoire puisqu'il branche la vieille injonction de l'aveu sur les méthodes de l'écoute clinique. Et c'est au travers de ce dispositif qu'a pu apparaître comme vérité du sexe et de ses plaisirs quelque chose comme la « sexualité ».

La « sexualité » : corrélatif de cette pratique discursive lentement développée qu'est la *scientia sexualis*. De cette sexualité, les caractères fondamentaux ne traduisent pas une représentation plus ou moins brouillée par l'idéologie, ou une méconnaissance induite par les interdits; ils correspondent aux exigences fonctionnelles du discours qui doit produire sa vérité. Au point de croisement d'une technique d'aveu et d'une discursivité scientifique, là où il a fallu trouver entre elles quelques grands mécanismes d'ajustement (technique d'écoute, postulat de causalité, principe de latence, règle de l'interprétation, impératif de médicalisation), la sexualité s'est définie comme étant « par nature » : un domaine pénétrable à des processus pathologiques, et appelant donc des interventions de thérapeutiques ou de normalisation; un champ de significations à déchiffrer; un lieu de processus cachés par des mécanismes spécifiques; un foyer de relations causales indéfinies, une parole obscure qu'il faut à la fois débusquer et écouter. C'est l'« économie » des discours, je veux dire leur technologie intrinsèque, les nécessités de leur fonctionnement, les tactiques qu'ils mettent en œuvre, les effets de pouvoir qui les sous-tendent et qu'ils véhiculent — c'est cela et non point un système de représentations qui détermine les caractères fondamentaux de ce qu'ils disent. L'histoire de la sexualité — c'est-à-dire de ce qui a fonctionné au xixe siècle comme domaine de vérité spécifique — doit se faire d'abord du point de vue d'une histoire des discours.

Avançons l'hypothèse générale du travail. La société qui se développe au xviiie siècle — qu'on appellera comme on voudra bourgeoise, capitaliste ou industrielle — n'a pas opposé au sexe un refus fondamental de le reconnaître. Elle a au contraire mis en œuvre tout un appareil pour produire sur lui des discours vrais. Non seulement, elle a beaucoup parlé de lui et contraint chacun à en parler; mais elle a entrepris d'en formuler la vérité réglée. Comme si elle suspectait en lui un secret capital. Comme si elle avait besoin de cette production de vérité. Comme s'il lui était essentiel que le sexe soit inscrit, non seulement

dans une économie du plaisir, mais dans un
régime ordonné de savoir. Ainsi, il est devenu peu
à peu l'objet du grand soupçon; le sens général et
inquiétant qui traverse malgré nous nos conduites
et nos existences; le point de fragilité par où nous
viennent les menaces du mal; le fragment de nuit
que chacun de nous porte en soi. Signification
générale, secret universel, cause omniprésente,
peur qui ne cesse pas. Si bien que dans cette « question » du sexe (aux deux sens, d'interrogatoire et
de problématisation; d'exigence d'aveu et d'intégration à un champ de rationalité), deux processus se développent, renvoyant toujours de l'un à
l'autre : nous lui demandons de dire la vérité (mais
nous nous réservons, puisqu'il est le secret et qu'il
s'échappe à lui-même, de dire nous-mêmes la
vérité enfin éclairée, enfin déchiffrée de sa vérité);
et nous lui demandons de nous dire notre vérité,
ou plutôt, nous lui demandons de dire la vérité
profondément enfouie de cette vérité de nous-
mêmes que nous croyons posséder en conscience
immédiate. Nous lui disons sa vérité, en déchif-
frant ce qu'il nous en dit; il nous dit la nôtre en
libérant ce qui s'en dérobe. C'est de ce jeu que
s'est constitué, lentement depuis plusieurs siècles,
un savoir du sujet; savoir, non pas tellement de
sa forme, mais de ce qui le scinde; de ce qui le
détermine peut-être, mais surtout le fait échapper
à lui-même. Cela a pu paraître imprévu, mais ne
doit guère étonner quand on songe à la longue
histoire de la confession chrétienne et judiciaire,
aux déplacements et transformations de cette
forme de savoir-pouvoir, si capitale en Occident,

qu'est l'aveu : selon des cercles de plus en plus serrés, le projet d'une science du sujet s'est mis à graviter autour de la question du sexe. La causalité dans le sujet, l'inconscient du sujet, la vérité du sujet dans l'autre qui sait, le savoir en lui de ce qu'il ne sait pas lui-même, tout cela a trouvé à se déployer dans le discours du sexe. Non point, cependant, en raison de quelque propriété naturelle inhérente au sexe lui-même, mais en fonction des tactiques de pouvoir qui sont immanentes à ce discours.

*

Scientia sexualis contre *ars erotica,* sans doute. Mais il faut noter que l'*ars erotica* n'a tout de même pas disparu de la civilisation occidentale; ni même qu'elle n'a pas toujours été absente du mouvement par lequel on a cherché à produire la science du sexuel. Il y a eu, dans la confession chrétienne, mais surtout dans la direction et l'examen de conscience, dans la recherche de l'union spirituelle et de l'amour de Dieu, toute une série de procédés qui s'apparentent à un art érotique : guidage par le maître le long d'un chemin d'initiation, intensification des expériences et jusque dans leurs composantes physiques, majoration des effets par le discours qui les accompagne; les phénomènes de possession et d'extase, qui ont eu une telle fréquence dans le catholicisme de la Contre-Réforme, ont sans doute été les effets incontrôlés qui ont débordé la technique érotique immanente à cette science subtile de la chair. Et, il faut se demander si, depuis le xixe siècle, la *scientia sexualis* — sous le fard de son positivisme décent — ne fonctionne pas, au moins par certaines de ses dimensions, comme une *ars erotica*. Peut-être cette production de vérité, aussi intimidée qu'elle soit par le modèle scientifique, a-t-elle multiplié, intensifié et même aussi créé ses plaisirs intrinsèques. On dit souvent que nous n'avons pas été capables d'imaginer des plaisirs nouveaux. Nous avons au moins inventé un plaisir autre : plaisir à la vérité du plaisir, plaisir à la savoir, à l'exposer, à la découvrir, à se fasciner de la voir, à la dire, à captiver et capturer les autres par elle, à la confier dans le secret, à la débusquer par la ruse; plaisir spécifique au discours vrai sur le plaisir. Ce n'est pas dans l'idéal, promis par la médecine, d'une sexualité saine, ni dans la rêverie humaniste d'une sexualité complète et épanouie, ni surtout dans le lyrisme de l'orgasme et les bons sentiments de la bio-énergie qu'il faudrait chercher les éléments les plus importants d'un art érotique lié à notre savoir sur la sexualité (il ne s'agit là que de son utilisation normalisatrice); mais dans cette multiplication et intensification des plaisirs liés à la production de la vérité sur le sexe. Les livres savants, écrits et lus, les consultations et les examens, l'angoisse à répondre aux questions et les délices à se sentir interprété, tant de récits faits à soi et aux autres, tant de curiosité, de si nombreuses confidences dont le devoir de vérité soutient, non sans trembler un peu, le scandale, le foisonnement de fantaisies secrètes qu'on paye si cher le droit de chuchoter à qui sait les entendre, d'un mot le formidable « plaisir à l'analyse » (au sens le plus large de ce dernier mot) que l'Occident depuis plusieurs siècles a fomenté savamment, tout cela forme comme les fragments errants d'un art érotique que véhiculent, en sourdine, l'aveu et la science du sexe. Faut-il croire que notre *scientia sexualis* n'est qu'une forme singulièrement subtile d'*ars erotica?* et qu'elle est, de cette tradition apparemment perdue, la version occidentale et quintessenciée? Ou faut-il supposer que tous ces plaisirs ne sont que les sous-produits d'une science sexuelle, un bénéfice qui en soutient les innombrables efforts?

En tout cas, l'hypothèse d'un pouvoir de répression que notre société exercerait sur le sexe et pour des raisons d'économie, paraît bien exiguë, s'il faut rendre compte de toute cette série de renforcements et d'intensifications qu'un premier parcours fait apparaître : prolifération de discours, et de discours soigneusement inscrits dans des exigences de pouvoir; solidification du disparate sexuel et constitution de dispositifs susceptibles non seulement de l'isoler, mais de l'appeler, de le susciter, de le constituer en foyers d'attention, de discours et de plaisirs; production exigée d'aveux et instauration à partir de là d'un système de savoir légitime et d'une économie de plaisirs multiples. Beaucoup plus que d'un mécanisme négatif d'exclusion ou de rejet, il s'agit de l'allumage d'un réseau subtil de discours, de savoirs, de plaisirs, de pouvoirs; il s'agit, non d'un mouvement qui s'obstinerait à repousser le sexe sauvage dans quelque région obscure et inaccessible; mais au contraire, de processus qui le disséminent à la surface des choses et des corps, qui l'excitent, le manifestent et le font parler, l'implantent dans le réel et lui enjoignent de dire la vérité : tout un scintillement visible du sexuel que renvoient la multiplicité des discours, l'obstination des pouvoirs et les jeux du savoir avec le plaisir.

Illusion que tout cela? Impression hâtive derrière laquelle un regard plus soigneux retrouverait bien la grande mécanique connue de la répression? Au-delà de ces quelques phosphorescences, ne faut-il pas retrouver la loi sombre qui toujours dit non? Répondra — ou devrait répondre l'enquête historique. Enquête sur la manière dont s'est formé depuis trois bons siècles le savoir du sexe; sur la manière dont se sont multipliés les discours qui l'ont pris pour objet, et sur les raisons pour lesquelles nous en sommes venus à prêter un prix presque fabuleux à la vérité qu'ils pensaient produire. Peut-être ces analyses historiques finiront-elles par dissiper ce que semble suggérer ce premier parcours. Mais le postulat de départ que je voudrais tenir le plus longtemps possible, c'est que ces dispositifs de pouvoir et de savoir, de vérité et de plaisirs, ces dispositifs, si différents de la répression, ne sont pas forcément secondaires et dérivés; et, que la répression n'est pas de toute façon fondamentale et gagnante. Il s'agit donc de prendre ces dispositifs au sérieux, et d'inverser la direction de l'analyse : plutôt que d'une répression généralement admise, et d'une ignorance mesurée à ce que nous supposons savoir, il faut partir de ces mécanismes positifs, producteurs de savoir, multiplicateurs de discours, inducteurs de plaisir, et générateurs de pouvoir, les suivre dans leurs conditions d'apparition et de fonctionnement, et chercher comment se distribuent par rapport à eux les faits d'interdiction ou d'occultation qui leur sont liés. Il s'agit en somme de définir les stratégies de pouvoir qui sont immanentes à cette volonté de savoir. Sur le cas précis de la sexualité, constituer l' « économie politique » d'une volonté de savoir.

IV

Le dispositif de sexualité

Ce dont il s'agit dans cette série d'études? Transcrire en histoire la fable des *Bijoux indiscrets*.

Au nombre de ses emblèmes, notre société porte celui du sexe qui parle. Du sexe qu'on surprend, qu'on interroge et qui, contraint et volubile à la fois, répond intarissablement. Un certain mécanisme, assez féerique pour se rendre lui-même invisible, l'a un jour capturé. Il lui fait dire dans un jeu où le plaisir se mêle à l'involontaire, et le consentement à l'inquisition, la vérité de soi et des autres. Nous vivons tous, depuis bien des années, au royaume du prince Mangogul : en proie à une immense curiosité pour le sexe, obstinés à le questionner, insatiables à l'entendre et à en entendre parler, prompts à inventer tous les anneaux magiques qui pourraient forcer sa discrétion. Comme s'il était essentiel que nous puissions tirer de ce petit fragment de nous-mêmes, non seulement du plaisir, mais du savoir et tout un jeu subtil qui passe de l'un à l'autre : savoir du plaisir, plaisir à savoir le plaisir, plaisirsavoir; et comme si ce fantasque animal que nous logeons avait de son côté une oreille assez curieuse, des yeux assez attentifs, une langue et un esprit assez bien faits, pour en savoir fort long, et être tout à fait capable de le dire, dès qu'on le sollicite avec un peu d'adresse. Entre chacun de nous et notre sexe, l'Occident a tendu une incessante demande de vérité : à nous de lui arracher la sienne, puisqu'elle lui échappe; à lui de nous dire la nôtre, puisque c'est lui qui la détient dans l'ombre. Caché, le sexe? Dérobé par de nouvelles pudeurs, maintenu sous le boisseau par les exigences mornes de la société bourgeoise? Incandescent au contraire. Il a été placé, voici plusieurs centaines d'années, au centre d'une formidable *pétition de savoir*. Pétition double, car nous sommes astreints à savoir ce qu'il en est de lui, tandis qu'il est soupçonné, lui, de savoir ce qu'il en est de nous.

La question de ce que nous sommes, une certaine pente nous a conduits, en quelques siècles, à la poser au sexe. Et, non pas tellement au sexe-nature (élément du système du vivant, objet pour une biologie), mais au sexe-histoire, ou sexe-signification, au sexe-discours. Nous nous sommes placés nous-mêmes sous le signe du sexe, mais d'une *Logique du sexe*, plutôt que d'une *Physique*. Il ne faut pas s'y tromper : sous la grande série des oppositions binaires (corps-âme, chair-esprit, instinct-raison, pulsions-conscience) qui semblaient renvoyer le sexe à une pure mécanique sans raison, l'Occident est parvenu non pas seulement, non pas tellement à annexer le sexe à un champ de rationalité, ce qui n'aurait sans doute rien de bien remarquable, tant nous sommes habitués depuis les Grecs à de telles « conquêtes », mais à nous faire passer presque tout entier — nous, notre corps, notre âme, notre individualité, notre histoire — sous le signe d'une logique de la concupiscence et du désir. Dès qu'il s'agit de savoir qui nous sommes, c'est elle qui nous sert désormais de clef universelle. Depuis plusieurs décennies, les généticiens ne conçoivent plus la vie comme une organisation dotée en outre de l'étrange capacité de se reproduire; ils voient dans le mécanisme de reproduction cela même qui introduit à la dimension du biologique : matrice non seulement des vivants, mais de la vie. Or, voici des siècles, d'une façon sans doute bien peu « scientifique », les innombrables théoriciens et praticiens de la chair avaient déjà fait de l'homme l'enfant d'un sexe impérieux et intelligible. Le sexe, raison de tout.

Il n'y a pas à poser la question : pourquoi le sexe est-il donc si secret? quelle est cette force qui si longtemps l'a réduit au silence et vient à peine de se relâcher, nous permettant peut-être de le questionner, mais toujours à partir et au travers de sa répression? En fait, cette question, si souvent répétée à notre époque, n'est que la forme récente d'une affirmation considérable et d'une prescription séculaire : là-bas, est la vérité; allez l'y surprendre. *Acheronta movebo :* vieille décision.

Vous qui êtes sages et pleins d'une haute et profonde
[science
Vous qui concevez et savez
Comment, où et quand tout s'unit
... Vous, grands sages, dites-moi ce qu'il en est
Découvrez-moi ce qu'il advint de moi
Découvrez-moi où, comment et quand
Pourquoi semblable chose m'est arrivée [1] ?

Il convient donc de demander avant toutes choses : quelle est cette injonction? Pourquoi cette grande chasse à la vérité du sexe, à la vérité dans le sexe?

Dans le récit de Diderot, le bon génie Cucufa découvre au fond de sa poche parmi quelques misères — grains bénits, petites pagodes de plomb et dragées moisies — la minuscule bague d'argent dont le chaton retourné fait parler les sexes qu'on rencontre. Il la donne au sultan curieux. A nous de savoir quel anneau merveilleux confère chez nous une pareille puissance, au doigt de quel maître il a été placé; quel jeu de pouvoir il permet ou suppose, et comment chacun de nous a pu devenir par rapport à son propre sexe et par rapport à celui des autres une sorte de sultan attentif et imprudent. Cette bague magique, ce bijou si indiscret lorsqu'il s'agit de faire parler les autres, mais si peu disert sur son propre mécanisme, c'est lui qu'il convient de rendre à son tour loquace; c'est de lui qu'il faut parler. Il faut faire l'histoire de cette volonté de

1. G.-A. Bürger, cité par Schopenhauer, *Métaphysique de l'amour.*

vérité, de cette pétition de savoir qui depuis tant de siècles maintenant fait miroiter le sexe : l'histoire d'une obstination et d'un acharnement. Que demandons-nous au sexe, au-delà de ses plaisirs possibles, pour que nous nous entêtions ainsi? Quelle est cette patience ou cette avidité à le constituer comme le secret, la cause omnipotente, le sens caché, la peur sans répit? Et pourquoi la tâche de découvrir cette difficile vérité s'est-elle retournée finalement en une invitation à lever les interdits et à dénouer des entraves? Le travail était-il donc si ardu qu'il fallait l'enchanter de cette promesse? ou ce savoir était-il devenu d'un tel prix — politique, économique, éthique — qu'il a fallu, pour y assujettir chacun, l'assurer non sans paradoxe qu'il y trouverait son affranchissement?

Soit, pour situer les recherches à venir, quelques propositions générales concernant l'enjeu, la méthode, le domaine à parcourir et les périodisations qu'on peut provisoirement admettre.

1

ENJEU

Pourquoi ces recherches? Je me rends bien compte qu'une incertitude a traversé les esquisses tracées plus haut; elle risque fort de condamner les enquêtes plus détaillées que j'ai projetées. J'ai répété cent fois que l'histoire des derniers siècles dans les sociétés occidentales ne montrait guère le jeu d'un pouvoir essentiellement répressif. J'ai ordonné mon propos à la mise hors jeu de cette notion en feignant d'ignorer qu'une critique était menée par ailleurs et d'une façon sans doute bien plus radicale : une critique qui s'est effectuée au niveau de la théorie du désir. Que le sexe ne soit pas « réprimé », ce n'est pas en effet une assertion bien neuve. Il y a bon temps que des psychanalystes l'ont dit. Ils ont récusé la petite machinerie simple qu'on imagine volontiers lorsqu'on parle de répression; l'idée d'une énergie rebelle qu'il faudrait juguler leur a paru inadéquate pour déchiffrer la manière dont pouvoir et désir s'articulent; ils les supposent liés sur un mode plus complexe et plus originaire que ce jeu entre une énergie sauvage, naturelle et vivante, montant

sans cesse d'en bas et un ordre d'en haut cherchant à lui faire obstacle; il n'y aurait pas à imaginer que le désir est réprimé, pour la bonne raison que c'est la loi qui est constitutive du désir et
du manque qui l'instaure. Le rapport de pouvoir
serait déjà là où est le désir : illusion donc, de le
dénoncer dans une répression qui s'exercerait
après coup; mais vanité aussi de partir à la quête
d'un désir hors pouvoir.

Or, d'une manière obstinément confuse, j'ai
parlé, comme s'il s'agissait de notions équivalentes, tantôt de la *répression,* tantôt de la *loi,*
de l'interdit ou de la censure. J'ai méconnu — entêtement ou négligence — tout ce qui peut distinguer leurs implications théoriques ou pratiques.
Et je conçois bien qu'on soit en droit de me
dire : en vous référant sans cesse à des technologies positives de pouvoir, vous essayez
de gagner au meilleur compte sur les deux
tableaux; vous confondez vos adversaires sous
la figure de celui qui est le plus faible, et, discutant la seule répression, vous voulez abusivement faire croire que vous vous êtes débarrassé
du problème de la loi; et pourtant vous gardez
du principe du pouvoir-loi la conséquence pratique essentielle, à savoir qu'on n'échappe pas au
pouvoir, qu'il est toujours déjà là et qu'il constitue
cela même qu'on tente de lui opposer. De l'idée
d'un pouvoir-répression, vous avez retenu l'élément théorique le plus fragile, et pour le critiquer;
de l'idée du pouvoir-loi, vous avez retenu, mais
pour le conserver à votre propre usage, la conséquence politique la plus stérilisante.

L'enjeu des enquêtes qui vont suivre, c'est d'avancer moins vers une « théorie » que vers une « analytique » du pouvoir : je veux dire vers la définition du domaine spécifique que forment les relations de pouvoir et la détermination des instruments qui permettent de l'analyser. Or il me semble que cette analytique ne peut se constituer qu'à la condition de faire place nette et de s'affranchir d'une certaine représentation du pouvoir, celle que j'appellerais — on verra tout à l'heure pourquoi — « juridico-discursive ». C'est cette conception qui commande aussi bien la thématique de la répression que la théorie de la loi constitutive du désir. En d'autres termes, ce qui distingue l'une de l'autre l'analyse qui se fait en termes de répression des instincts et celle qui se fait en termes de loi du désir, c'est à coup sûr la manière de concevoir la nature et la dynamique des pulsions; ce n'est pas la manière de concevoir le pouvoir. L'une et l'autre ont recours à une représentation commune du pouvoir qui, selon l'usage qu'on en fait et la position qu'on lui reconnaît à l'égard du désir, mène à deux conséquences opposées : soit à la promesse d'une « libération » si le pouvoir n'a sur le désir qu'une prise extérieure, soit, s'il est constitutif du désir lui-même, à l'affirmation : vous êtes toujours déjà piégés. N'imaginons pas, du reste, que cette représentation soit propre à ceux qui posent le problème des rapports du pouvoir au sexe. Elle est en fait beaucoup plus générale; on la retrouve fréquemment dans les analyses politiques du pouvoir, et elle s'enracine sans doute loin dans l'histoire de l'Occident.

Voici quelques-uns de ses traits principaux :

— *La relation négative*. Entre pouvoir et sexe, il n'établit jamais de rapport que sur le mode négatif : rejet, exclusion, refus, barrage, ou encore occultation ou masque. Le pouvoir ne « peut » rien sur le sexe et les plaisirs, sauf à leur dire non; s'il produit, ce sont des absences ou des lacunes; il élide des éléments, il introduit des discontinuités, il sépare ce qui est joint, il marque des frontières. Ses effets prennent la forme générale de la limite et du manque.

— *L'instance de la règle*. Le pouvoir serait essentiellement ce qui, au sexe, dicte sa loi. Ce qui veut dire d'abord que le sexe se trouve placé par lui sous un régime binaire : licite et illicite, permis et défendu. Ce qui veut dire ensuite que le pouvoir prescrit au sexe un « ordre » qui fonctionne en même temps comme forme d'intelligibilité : le sexe se déchiffre à partir de son rapport à la loi. Ce qui veut dire enfin que le pouvoir agit en prononçant la règle : la prise du pouvoir sur le sexe se ferait par le langage ou plutôt par un acte de discours créant, du fait même qu'il s'articule, un état de droit. Il parle, et c'est la règle. La forme pure du pouvoir, on la trouverait dans la fonction du législateur; et son mode d'action serait par rapport au sexe de type juridico-discursif.

— *Le cycle de l'interdit* : tu n'approcheras pas, tu ne toucheras pas, tu ne consommeras pas, tu n'éprouveras pas de plaisir, tu ne parleras pas, tu n'apparaîtras pas; à la limite tu n'existeras pas, sauf dans l'ombre et le secret. Sur le sexe, le pouvoir ne ferait jouer qu'une loi de prohibition. Son objectif : que le sexe renonce à lui-même. Son instrument : la menace d'un châtiment qui n'est autre que sa suppression. Renonce toi-même sous peine d'être supprimé; n'apparais pas si tu ne veux pas disparaître. Ton existence ne sera maintenue qu'au prix de ton annulation. Le pouvoir ne contraint le sexe que par un interdit qui joue de l'alternative entre deux inexistences.

— *La logique de la censure.* Cette interdiction est supposée prendre trois formes; affirmer que ça n'est pas permis, empêcher que ça soit dit, nier que ça existe. Formes apparemment difficiles à concilier. Mais c'est là qu'on imagine une sorte de logique en chaîne qui serait caractéristique des mécanismes de censure : elle lie l'inexistant, l'illicite et l'informulable de façon que chacun soit à la fois principe et effet de l'autre : de ce qui est interdit, on ne doit pas parler jusqu'à ce qu'il soit annulé dans le réel; ce qui est inexistant n'a droit à aucune manifestation, même dans l'ordre de la parole qui énonce son inexistence; et ce qu'on doit taire se trouve banni du réel comme ce qui est interdit par excellence. La logique du pouvoir sur le sexe serait la logique paradoxale d'une loi qui pourrait s'énoncer comme injonction d'inexistence, de non-manifestation et de mutisme.

— *L'unité du dispositif.* Le pouvoir sur le sexe s'exercerait de la même façon à tous les niveaux. Du haut en bas, dans ses décisions globales comme dans ses interventions capillaires, quels que soient les appareils ou les institutions sur lesquels il s'appuie, il agirait de façon uniforme et massive; il

fonctionnerait selon les rouages simples et indéfiniment reproduits de la loi, de l'interdit et de la
censure : de l'État à la famille, du prince au père,
du tribunal à la menue monnaie de punitions quotidiennes, des instances de la domination sociale
aux structures constitutives du sujet lui-même, on
trouverait, à des échelles seulement différentes,
une forme générale de pouvoir. Cette forme, c'est
le droit, avec le jeu du licite et de l'illicite, de la
transgression et du châtiment. Qu'on lui prête la
forme du prince qui formule le droit, du père qui
interdit, du censeur qui fait taire, ou du maître
qui dit la loi, de toute façon on schématise le
pouvoir sous une forme juridique; et on définit ses
effets comme obéissance. En face d'un pouvoir
qui est loi, le sujet qui est constitué comme sujet
— qui est « assujetti » — est celui qui obéit. A
l'homogénéité formelle du pouvoir tout au long de
ces instances, correspondrait chez celui qu'il
contraint — qu'il s'agisse du sujet en face du
monarque, du citoyen en face de l'État, de l'enfant
en face des parents, du disciple en face du maître
— la forme générale de soumission. Pouvoir
législateur d'un côté et sujet obéissant de l'autre.

Sous le thème général que le pouvoir réprime
le sexe, comme sous l'idée de la loi constitutive
du désir, on retrouve la même mécanique supposée du pouvoir. Elle est définie d'une manière
étrangement limitative. D'abord parce que ce
serait un pouvoir pauvre dans ses ressources, éco-
nome de ses procédés, monotone dans les tactiques
qu'il utilise, incapable d'invention et comme
condamné à se répéter toujours lui-même. Ensuite

parce que c'est un pouvoir qui n'aurait guère que la puissance du « non »; hors d'état de rien produire, apte seulement à poser des limites, il serait essentiellement anti-énergie; tel serait le paradoxe de son efficace : ne rien pouvoir, sinon faire que ce qu'il soumet ne puisse rien à son tour, sinon ce qu'il lui laisse faire. Enfin parce que c'est un pouvoir dont le modèle serait essentiellement juridique, centré sur le seul énoncé de la loi et le seul fonctionnement de l'interdit. Tous les modes de domination, de soumission, d'assujettissement se ramèneraient finalement à l'effet d'obéissance.

Pourquoi accepte-t-on si aisément cette conception juridique du pouvoir? Et par là l'élision de tout ce qui pourrait en faire l'efficacité productive, la richesse stratégique, la positivité? Dans une société comme la nôtre où les appareils du pouvoir sont si nombreux, ses rituels si visibles et ses instruments finalement si sûrs, dans cette société qui fut, sans doute, plus inventive que toute autre en mécanismes de pouvoir subtils et déliés, pourquoi cette tendance à ne le reconnaître que sous la forme négative et décharnée de l'interdit? Pourquoi rabattre les dispositifs de la domination sur la seule procédure de la loi d'interdiction?

Raison générale et tactique qui semble aller de soi : c'est à la condition de masquer une part importante de lui-même que le pouvoir est tolérable. Sa réussite est en proportion de ce qu'il parvient à cacher de ses mécanismes. Le pouvoir serait-il accepté s'il était entièrement cynique? Le secret n'est pas pour lui de l'ordre de l'abus; il est indispensable à son fonctionnement. Et non pas seulement parce qu'il l'impose à ceux qu'il soumet, mais peut-être parce qu'il est à ceux-ci tout aussi indispensable : l'accepteraient-ils, s'ils n'y voyaient une simple limite posée à leur désir, laissant valoir une part intacte — même si elle est réduite — de liberté? Le pouvoir, comme pure limite tracée à la liberté, c'est, dans notre société au moins, la forme générale de son acceptabilité.

Il y a peut-être à cela une raison historique. Les grandes institutions de pouvoir qui se sont développées au Moyen Age — la monarchie, l'État avec ses appareils — ont pris essor sur fond d'une multiplicité de pouvoirs préalables, et jusqu'à un certain point contre eux : pouvoirs denses, enchevêtrés, conflictuels, pouvoirs liés à la domination directe ou indirecte sur la terre, à la possession des armes, au servage, aux liens de suzeraineté et de vassalité. Si elles ont pu s'implanter, si elles ont su, en bénéficiant de toute une série d'alliances tactiques, se faire accepter, c'est qu'elles se sont présentées comme instances de régulation, d'arbitrage, de délimitation, comme une manière d'introduire entre ces pouvoirs un ordre, de fixer un principe pour les mitiger et les distribuer selon des frontières et une hiérarchie établie. Ces grandes formes de pouvoir ont fonctionné, en face des puissances multiples et affrontées, au-dessus de tous ces droits hétérogènes comme principe du droit, avec le triple caractère de se constituer comme ensemble unitaire, d'identifier sa volonté à la loi et de s'exercer à travers des mécanismes d'interdiction et de sanction. Sa formule *pax et justitia* marque, en cette fonction à laquelle elle prétendait, la paix comme prohibition des guerres féodales ou privées et la justice comme manière de suspendre le règlement privé des litiges. Sans doute s'agissait-il dans ce développement des grandes institutions monarchiques de bien autre chose que d'un pur et simple édifice juridique. Mais tel fut le langage du pouvoir, telle fut la représentation qu'il a donnée de lui-même et dont toute la théorie du droit public bâtie au Moyen Age ou rebâtie à partir du droit romain a porté témoignage. Le droit n'a pas été simplement une arme habilement maniée par les monarques; il a été pour le système monarchique son mode de manifestation et la forme de son acceptabilité. Depuis le Moyen Age, dans les sociétés occidentales, l'exercice du pouvoir se formule toujours dans le droit.

Une tradition qui remonte au xviie ou au xixe siècle nous a habitués à placer le pouvoir monarchique absolu du côté du non-droit : l'arbitraire, les abus, le caprice, le bon vouloir, les privilèges et les exceptions, la continuation traditionnelle des états de fait. Mais c'est oublier ce trait historique fondamental que les monarchies occidentales se sont édifiées comme des systèmes de droit, se sont réfléchies à travers des théories du droit et ont fait fonctionner leurs mécanismes de pouvoir dans la forme du droit. Le vieux reproche que Boulainvilliers faisait à la monarchie française — qu'elle s'est servie du droit et des juristes pour abolir les droits et abaisser l'aristocratie — est sans doute fondé en gros. A travers le développement de la monarchie et de ses insti-

tutions s'est instaurée cette dimension du juridico-
politique; elle n'est certainement pas adéquate
à la manière dont le pouvoir s'est exercé et
s'exerce; mais elle est le code selon lequel il se
présente, et prescrit lui-même qu'on le pense.
L'histoire de la monarchie et le recouvrement
des faits et procédures de pouvoir par le discours
juridico-politique ont été de pair.

Or, malgré les efforts qui ont été faits pour
dégager le juridique de l'institution monarchique
et pour libérer le politique du juridique, la
représentation du pouvoir est restée prise dans
ce système. Soient deux exemples. La critique de l'institution monarchique en France au
xviiie siècle ne s'est pas faite contre le système
juridico-monarchique, mais au nom d'un système
juridique pur, rigoureux, dans lequel pourraient
se couler sans excès ni irrégularités tous les mécanismes de pouvoir, contre une monarchie qui,
malgré ses affirmations, débordait sans cesse le
droit et se plaçait elle-même au-dessus des lois.
La critique politique s'est alors servie de toute la
réflexion juridique qui avait accompagné le
développement de la monarchie, pour condamner
celle-ci; mais elle n'a pas mis en question le principe que le droit doit être la forme même du pouvoir et que le pouvoir devait toujours s'exercer
dans la forme du droit. Un autre type de critique des institutions politiques est apparu au
xixe siècle; critique beaucoup plus radicale puisqu'il s'agissait de montrer non pas seulement
que le pouvoir réel échappait aux règles du
droit, mais que le système du droit lui-même

n'était qu'une manière d'exercer la violence, de l'annexer au profit de certains, et de faire fonctionner, sous l'apparence de la loi générale, les dissymétries et les injustices d'une domination. Mais cette critique du droit se fait encore sur fond du postulat que le pouvoir doit par essence, et idéalement, s'exercer selon un droit fondamental.

Au fond, malgré les différences d'époques et d'objectifs, la représentation du pouvoir est restée hantée par la monarchie. Dans la pensée et l'analyse politique, on n'a toujours pas coupé la tête du roi. De là l'importance qui est encore donnée dans la théorie du pouvoir au problème du droit et de la violence, de la loi et de l'illégalité, de la volonté et de la liberté, et surtout de l'État et de la souveraineté (même si celle-ci est interrogée non plus dans la personne du souverain mais dans un être collectif). Penser le pouvoir à partir de ces problèmes, c'est les penser à partir d'une forme historique bien particulière à nos sociétés : la monarchie juridique. Bien particulière et malgré tout transitoire. Car si beaucoup de ses formes ont subsisté et subsistent encore, des mécanismes de pouvoir très nouveaux l'ont peu à peu pénétrée, qui sont probablement irréductibles à la représentation du droit. On le verra plus loin, ces mécanismes de pouvoir sont pour une part au moins ceux qui ont pris en charge, à partir du xviiie siècle, la vie des hommes, les hommes comme corps vivants. Et s'il est vrai que le juridique a pu servir à représenter de façon sans doute non exhaustive, un pouvoir essentiellement centré sur le prélèvement et la mort, il est absolument hétérogène aux nouveaux procédés de pouvoir qui fonctionnent non pas au droit mais à la technique, non pas à la loi mais à la normalisation, non pas au châtiment mais au contrôle, et qui s'exercent à des niveaux et dans des formes qui débordent l'État et ses appareils. Nous sommes entrés, depuis des siècles maintenant, dans un type de société où le juridique peut de moins en moins coder le pouvoir ou lui servir de système de représentation. Notre ligne de pente nous éloigne de plus en plus d'un règne du droit qui commençait déjà à reculer dans le passé à l'époque où la Révolution française et avec elle l'âge des constitutions et des codes semblaient le promettre pour un avenir proche.

C'est cette représentation juridique qui est encore à l'œuvre dans les analyses contemporaines sur les rapports du pouvoir au sexe. Or le problème, ce n'est pas de savoir si le désir est bien étranger au pouvoir, s'il est antérieur à la loi comme on l'imagine souvent ou si ce n'est point la loi au contraire qui le constitue. Là n'est pas le point. Que le désir soit ceci ou cela, de toute façon on continue à le concevoir par rapport à un pouvoir qui est toujours juridique et discursif — un pouvoir qui trouve son point central dans l'énonciation de la loi. On demeure attaché à une certaine image du pouvoir-loi, du pouvoir-souveraineté que les théoriciens du droit et l'institution monarchique ont dessinée. Et c'est de cette image qu'il faut s'affranchir, c'est-à-dire du privilège théorique de la loi et de la souveraineté, si on veut faire une analyse du pouvoir dans le jeu concret et historique de ses procédés. Il faut bâtir une analytique du pouvoir qui ne prendra plus le droit pour modèle et pour code.

Cette histoire de la sexualité, ou plutôt cette série d'études concernant les rapports historiques du pouvoir et du discours sur le sexe, je reconnais volontiers que le projet en est circulaire, en ce sens qu'il s'agit de deux tentatives qui renvoient l'une à l'autre. Essayons de nous défaire d'une représentation juridique et négative du pouvoir, renonçons à le penser en termes de loi, d'interdit, de liberté, et de souveraineté : comment dès lors analyser ce qui s'est passé, dans l'histoire récente, à propos de cette chose, en apparence une des plus interdites de notre vie et de notre corps, le sexe? Comment, si ce n'est sur le mode de la prohibition et du barrage, le pouvoir a-t-il accès à lui? Par quels mécanismes, ou tactiques, ou dispositifs? Mais admettons en retour qu'un examen un peu soigneux montre que dans les sociétés modernes le pouvoir n'a pas, de fait, régi la sexualité sur le mode de la loi et de la souveraineté; supposons que l'analyse historique ait révélé la présence d'une véritable « technologie » du sexe, beaucoup plus complexe et surtout beaucoup plus positive que le seul effet d'une « défense »; dès lors, cet exemple — qu'on ne peut manquer de considérer comme privilégié, puisque là, mieux que partout ailleurs, le pouvoir semblait fonctionner comme interdit — ne contraint-il pas à se donner, à propos du pouvoir, des principes d'analyse qui ne relèvent pas du système du droit et de la forme de la loi? Donc, il s'agit à la fois, en se donnant une autre théorie du pouvoir, de former une autre grille de déchiffrement historique; et, en regardant d'un peu près tout un matériau historique, d'avancer peu à peu vers une autre conception du pouvoir. Penser à la fois le sexe sans la loi, et le pouvoir sans le roi.

2

MÉTHODE

Donc : analyser la formation d'un certain type de savoir sur le sexe, en termes non de répression ou de loi, mais de pouvoir. Mais ce mot de « pouvoir » risque d'induire plusieurs malentendus. Malentendus concernant son identité, sa forme, son unité. Par pouvoir, je ne veux pas dire « le Pouvoir », comme ensemble d'institutions et d'appareils qui garantissent la sujétion des citoyens dans un État donné. Par pouvoir, je n'entends pas non plus un mode d'assujettissement, qui par opposition à la violence, aurait la forme de la règle. Enfin, je n'entends pas un système général de domination exercée par un élément ou un groupe sur un autre, et dont les effets, par dérivations successives, traverseraient le corps social tout entier. L'analyse, en termes de pouvoir, ne doit pas postuler, comme données initiales, la souveraineté de l'État, la forme de la loi ou l'unité globale d'une domination; celles-ci n'en sont plutôt que les formes terminales. Par pouvoir, il me semble qu'il faut comprendre d'abord la multiplicité des rapports de force qui sont immanents au domaine où ils s'exercent, et sont constitutifs de leur organisation; le jeu qui par voie de luttes et d'affrontements incessants les transforme, les renforce, les inverse; les appuis que ces rapports de force trouvent les uns dans les autres, de manière à former chaîne ou système, ou, au contraire, les décalages, les contradictions qui les isolent les uns des autres; les stratégies enfin dans lesquelles ils prennent effet, et dont le dessin général ou la cristallisation institutionnelle prennent corps dans les appareils étatiques, dans la formulation de la loi, dans les hégémonies sociales. La condition de possibilité du pouvoir, en tout cas le point de vue qui permet de rendre intelligible son exercice, jusqu'en ses effets les plus « périphériques », et qui permet aussi d'utiliser ses mécanismes comme grille d'intelligibilité du champ social, il ne faut pas la chercher dans l'existence première d'un point central, dans un foyer unique de souveraineté d'où rayonneraient des formes dérivées et descendantes; c'est le socle mouvant des rapports de force qui induisent sans cesse, par leur inégalité, des états de pouvoir, mais toujours locaux et instables. Omniprésence du pouvoir : non point parce qu'il aurait le privilège de tout regrouper sous son invincible unité, mais parce qu'il se produit à chaque instant, en tout point, ou plutôt dans toute relation d'un point à un autre. Le pouvoir est partout; ce n'est pas qu'il englobe tout, c'est qu'il vient de partout. Et « le » pouvoir dans ce qu'il a de permanent, de répétitif, d'inerte, d'autoreproducteur, n'est que l'effet d'ensemble, qui se dessine à partir de toutes ces mobilités, l'enchaînement qui prend appui sur chacune d'elles et cherche en retour à les fixer. Il faut sans doute être nominaliste : le pouvoir, ce n'est pas une institution, et ce n'est pas une structure, ce n'est pas une certaine puissance dont certains seraient dotés : c'est le nom qu'on prête à une situation stratégique complexe dans une société donnée.

Faut-il alors retourner la formule et dire que la politique, c'est la guerre poursuivie par d'autres moyens? Peut-être, si on veut toujours maintenir un écart entre guerre et politique, devrait-on avancer plutôt que cette multiplicité des rapports de force peut être codée — en partie et jamais totalement — soit dans la forme de la « guerre », soit dans la forme de la « politique »; ce seraient là deux stratégies différentes (mais promptes à basculer l'une dans l'autre) pour intégrer ces rapports de force déséquilibrés, hétérogènes, instables, tendus.

En suivant cette ligne, on pourrait avancer un certain nombre de propositions :

— que le pouvoir n'est pas quelque chose qui s'acquiert, s'arrache ou se partage, quelque chose qu'on garde ou qu'on laisse échapper; le pouvoir s'exerce à partir de points innombrables, et dans le jeu de relations inégalitaires et mobiles;

— que les relations de pouvoir ne sont pas en position d'extériorité à l'égard d'autres types de rapports (processus économiques, rapports de connaissance, relations sexuelles), mais qu'elles leur sont immanentes; elles sont les effets immédiats des partages, inégalités et déséquilibres qui s'y produisent, et elles sont réciproquement les conditions internes de ces différenciations; les relations de pouvoir ne sont pas en positions de superstructure, avec un simple rôle de prohibition ou de reconduction; elles ont, là où elles jouent, un rôle directement producteur;

— que le pouvoir vient d'en bas; c'est-à-dire qu'il n'y a pas, au principe des relations de pouvoir, et comme matrice générale, une opposition binaire et globale entre les dominateurs et les dominés, cette dualité se répercutant de haut en bas, et sur des groupes de plus en plus restreints jusque dans les profondeurs du corps social. Il faut plutôt supposer que les rapports de force multiples qui se forment et jouent dans les appareils de production, les familles, les groupes restreints, les institutions, servent de support à de larges effets de clivage qui parcourent l'ensemble du corps social. Ceux-ci forment alors une ligne de force générale qui traverse les affrontements locaux, et les relie; bien sûr, en retour, ils procèdent sur eux à des redistributions, à des alignements, à des homogénéisations, à des aménagements de série, à des mises en convergence. Les grandes dominations sont les effets hégémoniques que soutient continûment l'intensité de tous ces affrontements;

— que les relations de pouvoir sont à la fois intentionnelles et non subjectives. Si, de fait, elles sont intelligibles, ce n'est pas parce qu'elles seraient l'effet, en terme de causalité, d'une instance autre, qui les « expliquerait », mais, c'est qu'elles sont, de part en part, traversées par un calcul : pas de pouvoir qui s'exerce sans une série de visées et d'objectifs. Mais cela ne veut pas dire qu'il résulte du choix ou de la décision d'un sujet individuel; ne cherchons pas l'état-major qui préside à sa rationalité; ni la caste qui gouverne, ni les groupes qui contrôlent les appareils de l'État, ni ceux qui prennent les décisions économiques les plus importantes ne gèrent l'ensemble du réseau de pouvoir qui fonctionne dans une société (et la fait fonctionner); la rationalité du pouvoir, c'est celle de tactiques souvent fort explicites au niveau limité où elles s'inscrivent — cynisme local du pouvoir — qui, s'enchaînant les unes aux autres, s'appelant et se propageant, trouvant ailleurs leur appui et leur condition, dessinent finalement des dispositifs d'ensemble : là, la logique est encore parfaitement claire, les visées déchiffrables, et pourtant, il arrive qu'il n'y ait plus personne pour les avoir conçues et bien peu pour les formuler : caractère implicite des grandes stratégies anonymes, presque muettes, qui coordonnent des tactiques loquaces dont les « inventeurs » ou les responsables sont souvent sans hypocrisie;

— que là où il y a pouvoir, il y a résistance et que pourtant, ou plutôt par là même, celle-ci n'est

jamais en position d'extériorité par rapport
au pouvoir. Faut-il dire qu'on est nécessairement « dans » le pouvoir, qu'on ne lui
« échappe » pas, qu'il n'y a pas, par rapport à lui, d'extérieur absolu, parce qu'on
serait immanquablement soumis à la loi?
Ou que, l'histoire étant la ruse de la raison, le pouvoir, lui, serait la ruse de l'histoire — celui qui toujours gagne? Ce serait
méconnaître le caractère strictement rela-
tionnel des rapports de pouvoir. Ils ne peuvent
exister qu'en fonction d'une multiplicité de
points de résistance : ceux-ci jouent, dans
les relations de pouvoir, le rôle d'adversaire,
de cible, d'appui, de saillie pour une prise.
Ces points de résistance sont présents partout
dans le réseau de pouvoir. Il n'y a donc pas
par rapport au pouvoir *un* lieu du grand
Refus — âme de la révolte, foyer de toutes
les rébellions, loi pure du révolutionnaire.
Mais *des* résistances qui sont des cas d'espèces : possibles, nécessaires, improbables,
spontanées, sauvages, solitaires, concertées,
rampantes, violentes, irréconciliables,
promptes à la transaction, intéressées, ou
sacrificielles; par définition, elles ne peuvent
exister que dans le champ stratégique des
relations de pouvoir. Mais cela ne veut pas
dire qu'elles n'en sont que le contrecoup,
la marque en creux, formant par rapport à
l'essentielle domination un envers finalement
toujours passif, voué à l'indéfinie défaite. Les
résistances ne relèvent pas de quelques prin-

cipes hétérogènes; mais elles ne sont pas pour autant leurre ou promesse nécessairement déçue. Elles sont l'autre terme, dans les relations de pouvoir; elles s'y inscrivent comme l'irréductible vis-à-vis. Elles sont donc, elles aussi, distribuées de façon irrégulière : les points, les nœuds, les foyers de résistance sont disséminés avec plus ou moins de densité dans le temps et l'espace, dressant parfois des groupes ou des individus de manière définitive, allumant certains points du corps, certains moments de la vie, certains types de comportement. Des grandes ruptures radicales, des partages binaires et massifs? Parfois. Mais on a affaire le plus souvent à des points de résistance mobiles et transitoires, introduisant dans une société des clivages qui se déplacent, brisant des unités et suscitant des regroupements, sillonnant les individus eux-mêmes, les découpant et les remodelant, traçant en eux, dans leur corps et dans leur âme, des régions irréductibles. Tout comme le réseau des relations de pouvoir finit par former un épais tissu qui traverse les appareils et les institutions, sans se localiser exactement en eux, de même l'essaimage des points de résistance traverse les stratifications sociales et les unités individuelles. Et, c'est sans doute le codage stratégique de ces points de résistance qui rend possible une révolution, un peu comme l'État repose sur l'intégration institutionnelle des rapports de pouvoir.

C'est dans ce champ des rapports de force qu'il faut tenter d'analyser les mécanismes de pouvoir. Ainsi, on échappera à ce système Souverain-Loi qui a si longtemps fasciné la pensée politique. Et, s'il est vrai que Machiavel fut un des rares — et c'était là sans doute le scandale de son « cynisme » — à penser le pouvoir du Prince en termes de rapports de force, peut-être faut-il faire un pas de plus, se passer du personnage du Prince, et déchiffrer les mécanismes de pouvoir à partir d'une stratégie immanente aux rapports de force.

Pour en revenir au sexe et aux discours de vérité qui l'ont pris en charge, la question à résoudre ne doit donc pas être : étant donné telle structure étatique, comment et pourquoi « le » pouvoir a-t-il besoin d'instituer un savoir du sexe? Ce ne sera pas non plus : à quelle domination d'ensemble a servi le soin apporté, depuis le xviiie siècle, à produire sur le sexe des discours vrais? Ni non plus : quelle loi a présidé à la fois à la régularité du comportement sexuel et à la conformité de ce qu'on en disait? Mais : dans tel type de discours sur le sexe, dans telle forme d'extorsion de vérité qui apparaît historiquement et dans des lieux déterminés (autour du corps de l'enfant, à propos du sexe de la femme, à l'occasion des pratiques de restrictions des naissances, etc.) quelles sont les relations de pouvoir, les plus immédiates, les plus locales, qui sont à l'œuvre? Comment rendent-elles possibles ces sortes de discours, et inversement comment ces discours leur servent-ils de support? Comment le jeu de ces relations de pouvoir se trouve-t-il modifié par leur exercice même — renforcement de certains termes, affaiblissement d'autres, effets de résistance, contre-investissements, de sorte qu'il n'y a pas eu, donné une fois pour toutes, un type d'assujettissement stable? Comment ces relations de pouvoir se lient-elles les unes aux autres selon la logique d'une stratégie globale qui prend rétrospectivement l'allure d'une politique unitaire et volontariste du sexe? En gros : plutôt que de rapporter à la forme unique du grand Pouvoir, toutes les violences infinitésimales qui s'exercent sur le sexe, tous les regards troubles qu'on porte sur lui et tous les cachẹs dont on en oblitère la connaissance possible, il s'agit d'immerger la production foisonnante des discours sur le sexe dans le champ des relations de pouvoir multiples et mobiles.

Ce qui conduit à poser, à titre préalable, quatre règles. Mais ce ne sont point des impératifs de méthode; tout au plus des prescriptions de prudence.

1. *Règle d'immanence*

Ne pas considérer qu'il y a un certain domaine de la sexualité qui relève en droit d'une connaissance scientifique, désintéressée et libre, mais sur lequel les exigences — économiques ou idéologiques — du pouvoir ont fait jouer des méca-

nismes de prohibition. Si la sexualité s'est constituée comme domaine à connaître, c'est à partir
de relations de pouvoir qui l'ont instituée comme
objet possible; et en retour si le pouvoir a pu la
prendre pour cible, c'est parce que des techniques
de savoir, des procédures de discours ont été
capables de l'investir. Entre techniques de savoir
et stratégies de pouvoir, nulle extériorité, même
si elles ont leur rôle spécifique et qu'elles s'articulent l'une sur l'autre, à partir de leur différence. On partira donc de ce qu'on pourrait appeler les « foyers locaux » de pouvoir-savoir :
par exemple, les rapports qui se nouent entre
pénitent et confesseur, ou fidèle et directeur : là
et sous le signe de la « chair » à maîtriser, différentes formes de discours — examen de soi-même,
interrogatoires, aveux, interprétations, entretiens — véhiculent dans une sorte d'allées et
venues incessantes des formes d'assujettissement
et des schémas de connaissance. De même, le
corps de l'enfant surveillé, entouré dans son berceau, son lit ou sa chambre par toute une ronde
de parents, de nourrices, de domestiques, de
pédagogues, de médecins, tous attentifs aux
moindres manifestations de son sexe, a constitué,
surtout à partir du xviiie siècle, un autre « foyer
local » de pouvoir-savoir.

2. *Règles des variations continues*

Ne pas chercher qui a le pouvoir dans l'ordre
de la sexualité (les hommes, les adultes, les

parents, les médecins) et qui en est privé (les femmes, les adolescents, les enfants, les malades...); ni qui a le droit de savoir, et qui est maintenu de force dans l'ignorance. Mais chercher plutôt le schéma des modifications que les rapports de force impliquent par leur jeu même. Les « distributions de pouvoir », les « appropriations de savoir » ne représentent jamais que des coupes instantanées, sur des processus soit de renforcement cumulé de l'élément le plus fort, soit d'inversion du rapport, soit de croissance simultanée des deux termes. Les relations de pouvoir-savoir ne sont pas des formes données de répartition, ce sont des « matrices de transformations ». L'ensemble constitué au xixe siècle, par le père, la mère, l'éducateur, le médecin autour de l'enfant et de son sexe, a été traversé de modifications incessantes, de déplacements continus dont un des résultats les plus spectaculaires a été un étrange renversement : alors que la sexualité de l'enfant avait été au départ problématisée dans un rapport qui s'établissait directement du médecin aux parents (sous la forme de conseils, d'avis à le surveiller, de menaces pour l'avenir), c'est finalement dans le rapport du psychiatre à l'enfant que la sexualité des adultes eux-mêmes s'est trouvée mise en question.

3. *Règle du double conditionnement*

Aucun « foyer local », aucun « schéma de transformation » ne pourrait fonctionner si, par une série d'enchaînements successifs, il ne s'inscrivait en fin de compte dans une stratégie d'ensemble. Et inversement, aucune stratégie ne pourrait assurer des effets globaux si elle ne prenait appui sur des relations précises et ténues qui lui servent non pas d'application et de conséquence, mais de support et de point d'ancrage. Des unes aux autres, pas de discontinuité comme s'il s'agissait de deux niveaux différents (l'un microscopique et l'autre macroscopique); mais pas non plus d'homogénéité (comme si l'un n'était que la projection grossie ou la miniaturisation de l'autre); il faut plutôt penser au double conditionnement d'une stratégie par la spécificité des tactiques possibles, et des tactiques par l'enveloppe stratégique qui les fait fonctionner. Ainsi le père dans la famille n'est pas le « représentant » du souverain ou de l'État; et ceux-ci ne sont point les projections du père à une autre échelle. La famille ne reproduit pas la société; et celle-ci en retour ne l'imite pas. Mais le dispositif familial, dans ce qu'il avait justement d'insulaire et d'hétéromorphe aux autres mécanismes de pouvoir, a pu servir de support aux grandes « manœuvres » pour le contrôle malthusien de la natalité, pour les incitations populationnistes, pour la médicalisation du sexe et la psychiatrisation de ses formes non génitales.

4. *Règle de la polyvalence tactique des discours*

Ce qui se dit sur le sexe ne doit pas être analysé comme la simple surface de projection de ces mécanismes de pouvoir. C'est bien dans le discours que pouvoir et savoir viennent s'articuler. Et pour cette raison même, il faut concevoir le discours comme une série de segments discontinus, dont la fonction tactique n'est ni uniforme ni stable. Plus précisément, il ne faut pas imaginer un monde du discours partagé entre le discours reçu et le discours exclu ou entre le discours dominant et celui qui est dominé; mais comme une multiplicité d'éléments discursifs qui peuvent jouer dans des stratégies diverses. C'est cette distribution qu'il faut restituer, avec ce qu'elle comporte de choses dites et de choses cachées, d'énonciations requises et interdites; avec ce qu'elle suppose de variantes et d'effets différents selon celui qui parle, sa position de pouvoir, le contexte institutionnel où il se trouve placé; avec ce qu'elle comporte aussi de déplacements et de réutilisations de formules identiques pour des objectifs opposés. Les discours, pas plus que les silences, ne sont une fois pour toutes soumis au pouvoir ou dressés contre lui. Il faut admettre un jeu complexe et instable où le discours peut être à la fois instrument et effet de pouvoir, mais aussi obstacle, butée, point de résistance et départ pour une stratégie opposée. Le discours véhicule et produit du pouvoir; il le renforce mais aussi le mine, l'expose, le rend fragile et permet de le barrer. De même le silence et le secret abritent le pouvoir, ancrent ses interdits; mais ils desserrent aussi ses prises et ménagent des tolérances plus ou moins obscures. Qu'on songe par exemple à l'histoire de ce qui

fut par excellence « le » grand péché contre nature. L'extrême discrétion des textes sur la sodomie — cette catégorie si confuse —, la réticence
presque générale à en parler a permis longtemps
un fonctionnement double : d'une part une
extrême sévérité (peine du feu appliquée encore
au xviiie siècle, sans qu'aucune protestation importante ait pu être formulée avant le milieu du
siècle) et d'autre part une tolérance assurément
très large (qu'on déduit indirectement de la rareté
des condamnations judiciaires, et qu'on aperçoit
plus directement à travers certains témoignages
sur les sociétés d'hommes qui pouvaient exister
à l'armée ou dans les Cours). Or, l'apparition
au xixe siècle, dans la psychiatrie, la jurisprudence, la littérature aussi, de toute une série de
discours sur les espèces et sous-espèces d'homosexualité, d'inversion, de pédérastie, d' « herma-
phrodisme psychique », a permis à coup sûr une
très forte avancée des contrôles sociaux dans
cette région de « perversité »; mais elle a permis
aussi la constitution d'un discours « en retour » :
l'homosexualité s'est mise à parler d'elle-même,
à revendiquer sa légitimité ou sa « naturalité »
et souvent dans le vocabulaire, avec les catégories par lesquelles elle était médicalement disqualifiée. Il n'y a pas d'un côté le discours du
pouvoir et en face, un autre qui s'oppose à lui.
Les discours sont des éléments ou des blocs tactiques dans le champ des rapports de force; il
peut y en avoir de différents et même de contra-
dictoires à l'intérieur d'une même stratégie; ils
peuvent au contraire circuler sans changer de

forme entre des stratégies opposées. Aux discours sur le sexe, il n'y a pas à demander avant tout de quelle théorie implicite ils dérivent, ou quels partages moraux ils reconduisent, ou quelle idéologie — dominante ou dominée — ils représentent; mais il faut les interroger aux deux niveaux de leur productivité tactique (quels effets réciproques de pouvoir et de savoir ils assurent) et de leur intégration stratégique (quelle conjoncture et quel rapport de force rend leur utilisation nécessaire en tel ou en tel épisode des affrontements divers qui se produisent).

Il s'agit en somme de s'orienter vers une conception du pouvoir qui, au privilège de la loi, substitue le point de vue de l'objectif, au privilège de l'interdit le point de vue de l'efficacité tactique, au privilège de la souveraineté, l'analyse d'un champ multiple et mobile de rapports de force où se produisent des effets globaux, mais jamais totalement stables, de domination. Le modèle stratégique, plutôt que le modèle du droit. Et cela, non point par choix spéculatif ou préférence théorique; mais parce qu'en effet, c'est un des traits fondamentaux des sociétés occidentales que les rapports de force qui longtemps avaient trouvé dans la guerre, dans toutes les formes de guerre, leur expression principale se sont petit à petit investis dans l'ordre du pouvoir politique.

3

DOMAINE

Il ne faut pas décrire la sexualité comme une poussée rétive, étrangère par nature et indocile par nécessité à un pouvoir qui, de son côté, s'épuise à la soumettre et souvent échoue à la maîtriser entièrement. Elle apparaît plutôt comme un point de passage particulièrement dense pour les relations de pouvoir : entre hommes et femmes, entre jeunes et vieux, entre parents et progéniture, entre éducateurs et élèves, entre prêtres et laïcs, entre une administration et une population. Dans les relations de pouvoir, la sexualité n'est pas l'élément le plus sourd, mais un de ceux, plutôt, qui est doté de la plus grande instrumentalité : utilisable pour le plus grand nombre de manœuvres, et pouvant servir de point d'appui, de charnière aux stratégies les plus variées.

Il n'y a pas une stratégie unique, globale, valant pour toute la société et portant de façon uniforme sur toutes les manifestations du sexe : l'idée, par exemple, qu'on a souvent cherché, à travers différents moyens, à réduire tout le sexe à sa fonction reproductrice, à sa forme hétérosexuelle et adulte, et à sa légitimité matrimoniale, ne rend pas compte, sans doute, des multiples objectifs visés, des multiples moyens mis en œuvre dans les politiques sexuelles qui ont concerné les deux sexes, les différents âges, les diverses classes sociales.

En première approche, il semble qu'on puisse distinguer, à partir du xviiie siècle, quatre grands ensembles stratégiques, qui développent à propos du sexe des dispositifs spécifiques de savoir et de pouvoir. Ils ne sont pas nés tout d'une pièce à ce moment-là ; mais ils ont pris alors une cohérence, ils ont atteint dans l'ordre du pouvoir une efficacité, dans l'ordre du savoir une productivité qui permettent de les décrire dans leur relative autonomie.

Hystérisation du corps de la femme : triple processus par lequel le corps de la femme a été analysé — qualifié et disqualifié — comme corps intégralement saturé de sexualité ; par lequel ce corps a été intégré, sous l'effet d'une pathologie qui lui serait intrinsèque, au champ des pratiques médicales ; par lequel enfin il a été mis en communication organique avec le corps social (dont il doit assurer la fécondité réglée), l'espace familial (dont il doit être un élément substantiel et fonctionnel) et la vie des enfants (qu'il produit et qu'il doit garantir, par une responsabilité biologico-morale qui dure tout au long de l'éducation) : la Mère, avec son image en négatif qui est la « femme nerveuse », constitue la forme la plus visible de cette hystérisation.

Pédagogisation du sexe de l'enfant : double

affirmation que presque tous les enfants se livrent ou sont susceptibles de se livrer à une activité sexuelle; et que cette activité sexuelle étant indue, à la fois « naturelle » et « contre nature », elle porte en elle des dangers physiques et moraux, collectifs et individuels; les enfants sont définis comme des êtres sexuels « liminaires », en deçà du sexe et déjà en lui, sur une dangereuse ligne de partage; les parents, les familles, les éducateurs, les médecins, les psychologues plus tard doivent prendre en charge, de façon continue, ce germe sexuel précieux et périlleux, dangereux et en danger; cette pédagogisation se montre surtout dans la guerre contre l'onanisme qui a duré en Occident pendant près de deux siècles.

Socialisation des conduites procréatrices : socialisation économique par le biais de toutes les incitations ou freins apportés, par des mesures « sociales » ou fiscales, à la fécondité des couples; socialisation politique par la responsabilisation des couples à l'égard du corps social tout entier (qu'il faut limiter ou au contraire renforcer), socialisation médicale, par la valeur pathogène, pour l'individu et l'espèce, prêtée aux pratiques d'un contrôle des naissances.

Enfin *psychiatrisation du plaisir pervers :* l'instinct sexuel a été isolé comme instinct biologique et psychique autonome; on a fait l'analyse clinique de toutes les formes d'anomalies dont il peut être atteint; on lui a prêté un rôle de normalisation et de pathologisation sur la conduite tout entière; enfin on a cherché pour ces anomalies une technologie corrective.

Dans la préoccupation du sexe, qui monte tout au long du xixe siècle, quatre figures se dessinent, objets privilégiés de savoir, cibles et points d'ancrage pour les entreprises du savoir : la femme hystérique, l'enfant masturbateur, le couple malthusien, l'adulte pervers, chacune étant le corrélatif d'une de ces stratégies qui, chacune à sa manière, a traversé et utilisé le sexe des enfants, des femmes et des hommes.

Dans ces stratégies, de quoi s'agit-il? D'une lutte contre la sexualité? Ou d'un effort pour en prendre le contrôle? D'une tentative pour mieux la régir et masquer ce qu'elle peut avoir d'indiscret, de voyant, d'indocile? Une façon de formuler sur elle cette part de savoir qui serait tout juste acceptable ou utile? En fait, il s'agit plutôt de la production même de la sexualité. Celle-ci, il ne faut pas la concevoir comme une sorte donnée de nature que le pouvoir essaierait de mater, ou comme un domaine obscur que le savoir tenterait, peu à peu, de dévoiler. C'est le nom qu'on peut donner à un dispositif historique : non pas réalité d'en dessous sur laquelle on exercerait des prises difficiles, mais grand réseau de surface où la stimulation des corps, l'intensification des plaisirs, l'incitation au discours, la formation des connaissances, le renforcement des contrôles et des résistances, s'enchaînent les uns avec les autres, selon quelques grandes stratégies de savoir et de pouvoir.

On peut admettre sans doute que les relations de sexe ont donné lieu, dans toute société, à un *dispositif d'alliance* : système de mariage, de fixation et de développement des parentés, de transmission des noms et des biens. Ce dispositif d'alliance, avec les mécanismes de contrainte qui l'assurent, avec le savoir souvent complexe qu'il appelle, a perdu de son importance, à mesure que les processus économiques et que les structures politiques ne pouvaient plus trouver en lui un instrument adéquat ou un support suffisant. Les sociétés occidentales modernes ont inventé et mis en place, surtout à partir du xviiie siècle, un nouveau dispositif qui se superpose à lui, et sans lui donner congé, a contribué à en réduire l'importance. C'est le *dispositif de sexualité* : comme le dispositif d'alliance, il se branche sur les partenaires sexuels; mais selon un tout autre mode. On pourrait les opposer terme à terme. Le dispositif d'alliance se charpente autour d'un système de règles définissant le permis et le défendu, le prescrit et l'illicite; le dispositif de sexualité fonctionne d'après des techniques mobiles, polymorphes et conjoncturelles de pouvoir. Le dispositif d'alliance a, parmi ses objectifs principaux, de reproduire le jeu des relations et de maintenir la loi qui les régit; le dispositif de sexualité engendre en revanche une extension permanente des domaines et des formes de contrôle. Pour le premier, ce qui est pertinent, c'est le lien entre des partenaires au statut défini; pour le second, ce sont les sensations du corps, la qualité des plaisirs, la nature des impressions aussi ténues ou imperceptibles qu'elles soient. Enfin si le dispositif d'alliance est fortement articulé sur l'économie à cause du rôle qu'il peut jouer dans la transmission ou la circulation des richesses, le dispositif de sexualité est lié à l'économie par des relais nombreux et subtils, mais dont le principal est le corps — corps qui produit et qui consomme. D'un mot, le dispositif d'alliance est ordonné sans doute à une homéostasie du corps social qu'il a pour fonction de maintenir; de là son lien privilégié avec le droit; de là aussi le fait que le temps fort pour lui, c'est la « reproduction ». Le dispositif de sexualité a pour raison d'être non de se reproduire, mais de proliférer, d'innover, d'annexer, d'inventer, de pénétrer les corps de façon de plus en plus détaillée et de contrôler les populations de manière de plus en plus globale. Il faut donc admettre trois ou quatre thèses contraires à celle que suppose le thème d'une sexualité réprimée par les formes modernes de la société : la sexualité est liée à des dispositifs récents de pouvoir; elle a été en expansion croissante depuis le xviie siècle; l'agencement qui l'a soutenue depuis lors n'est pas ordonné à la reproduction; il a été lié dès l'origine à une intensification du corps — à sa valorisation comme objet de savoir et comme élément dans les rapports de pouvoir.

Dire que le dispositif de sexualité s'est substitué au dispositif d'alliance ne serait pas exact. On peut imaginer qu'un jour peut-être il l'aura remplacé. Mais de fait, aujourd'hui, s'il tend à le

recouvrir, il ne l'a pas effacé ni rendu inutile.
Historiquement d'ailleurs, c'est autour et à partir du dispositif d'alliance que celui de sexualité
s'est mis en place. La pratique de la pénitence
puis de l'examen de conscience et de la direction
spirituelle en a été le noyau formateur : or, on l'a
vu [1], ce qui fut d'abord en jeu au tribunal de la
pénitence, c'était le sexe en tant que support
de relations; la question posée était celle du
commerce permis ou défendu (adultère, rapport
hors mariage, relation avec une personne interdite par le sang ou le statut, caractère légitime
ou non de l'acte de conjonction); puis peu à peu
avec la nouvelle pastorale — et son application
dans les séminaires, les collèges et les couvents —
on est passé d'une problématique de la relation
à une problématique de la « chair », c'est-à-dire
du corps, de la sensation, de la nature du plaisir,
des mouvements les plus secrets de la concupiscence, des formes subtiles de la délectation et du
consentement. La « sexualité » était en train de
naître, de naître d'une technique de pouvoir qui
avait été à l'origine centrée sur l'alliance. Depuis,
elle n'a pas cessé de fonctionner par rapport à
un système d'alliance et en prenant appui sur lui.
La cellule familiale, telle qu'elle a été valorisée
au cours du xviiie siècle, a permis que sur ses
deux dimensions principales — l'axe mari-femme
et l'axe parents-enfants — se développent les
éléments principaux du dispositif de sexualité
(le corps féminin, la précocité infantile, la régula-

---

1. Cf. *supra*, p. 51.

tion des naissances et, dans une moindre mesure
sans doute, la spécification des pervers). Il ne
faut pas comprendre la famille sous sa forme
contemporaine comme une structure sociale,
économique et politique d'alliance qui exclut la
sexualité ou du moins la bride, l'atténue autant
qu'il est possible et n'en retient que les fonctions
utiles. Elle a pour rôle au contraire de l'ancrer
et d'en constituer le support permanent. Elle
assure la production d'une sexualité qui n'est
pas homogène aux privilèges de l'alliance, tout
en permettant que les systèmes de l'alliance soient
traversés de toute une nouvelle tactique de pouvoir qu'ils ignoraient jusque-là. La famille est
l'échangeur de la sexualité et de l'alliance : elle
transporte la loi et la dimension du juridique dans
le dispositif de sexualité; et elle transporte l'économie du plaisir et l'intensité des sensations dans
le régime de l'alliance.

Cet épinglage du dispositif d'alliance et du
dispositif de sexualité dans la forme de la famille permet de comprendre un certain nombre
de faits : que la famille soit devenue depuis le
xviiie siècle un lieu obligatoire d'affects, de sentiments, d'amour; que la sexualité ait pour point
privilégié d'éclosion la famille; que pour cette
raison elle naisse « incestueuse ». Il se peut bien
que dans les sociétés où prédominent les dispositifs d'alliance l'interdiction de l'inceste soit une
règle fonctionnellement indispensable. Mais dans
une société comme la nôtre, où la famille est le
foyer le plus actif de la sexualité, et où ce sont
sans doute les exigences de celle-ci qui main-

tiennent et prolongent son existence, l'inceste, pour de tout autres raisons et sur un tout autre mode, occupe une place centrale; il y est sans cesse sollicité et refusé, objet de hantise et d'appel, secret redouté et joint indispensable. Il apparaît comme ce qui est hautement interdit dans la famille pour autant qu'elle joue comme dispositif d'alliance; mais il est aussi ce qui est continûment requis pour que la famille soit bien un foyer d'incitation permanente de la sexualité. Si pendant plus d'un siècle l'Occident s'est si fort intéressé à l'interdiction de l'inceste, si d'un accord à peu près commun on y a vu un universel social et un des points de passage obligé à la culture, c'est que peut-être on trouvait là un moyen de se défendre, non point contre un désir incestueux, mais contre l'extension et les implications de ce dispositif de sexualité qu'on avait mis en place mais dont l'inconvénient, parmi bien des bénéfices, était d'ignorer les lois et les formes juridiques de l'alliance. Affirmer que toute société, quelle qu'elle soit, et par conséquent la nôtre, est soumise à cette règle des règles, garantissait que ce dispositif de sexualité dont on commençait à manipuler les effets étranges — et parmi eux l'intensification affective de l'espace familial — ne pourrait pas échapper au grand et vieux système de l'alliance. Ainsi le droit, même dans la nouvelle mécanique de pouvoir, serait sauf. Car tel est le paradoxe de cette société qui a inventé depuis le xviiie siècle tant de technologies de pouvoir étrangères au droit : elle en redoute les effets et les proliférations et elle essaie de les recoder dans les formes du droit. Si on admet que le seuil de toute culture c'est l'inceste interdit, alors la sexualité se trouve depuis le fond des temps placée sous le signe de la loi et du droit. L'ethnologie, en réélaborant sans cesse depuis si longtemps, la théorie trans-culturelle de l'interdiction de l'inceste, a bien mérité de tout le dispositif moderne de sexualité et des discours théoriques qu'il produit.

Ce qui s'est passé depuis le xviiⁱᵉ siècle peut se déchiffrer ainsi : le dispositif de sexualité, qui s'était développé d'abord dans les marges des institutions familiales (dans la direction de cons-cience, dans la pédagogie), va se recentrer peu à peu sur la famille : ce qu'il pouvait comporter d'étranger, d'irréductible, de périlleux peut-être pour le dispositif d'alliance − la conscience de ce danger se manifeste dans les critiques si sou-vent adressées à l'indiscrétion des directeurs, et dans tout le débat, un peu plus tardif, sur l'édu-cation privée ou publique, institutionnelle ou familiale des enfants [1] − est repris en compte par la famille − une famille réorganisée, resserrée sans doute, intensifiée à coup sûr par rapport aux anciennes fonctions qu'elle exerçait dans le dispo-sitif d'alliance. Les parents, les conjoints de-viennent dans la famille les principaux agents d'un dispositif de sexualité qui à l'extérieur s'appuie sur les médecins, les pédagogues, plus

---

1. *Le Tartuffe* de Molière et *Le Précepteur* de Lenz, à plus d'un siècle de distance, représentent tous deux l'interférence du dispositif de sexualité sur le dispositif de famille, dans le cas de la direction spirituelle pour *Le Tartuffe* et de l'éducation pour *Le Précepteur*.

tard les psychiatres, et qui à l'intérieur vient doubler et bientôt « psychologiser » ou « psychiatriser » les rapports d'alliance. Apparaissent alors ces personnages nouveaux : la femme nerveuse, l'épouse frigide, la mère indifférente ou assiégée d'obsessions meurtrières, le mari impuissant, sadique, pervers, la fille hystérique ou neurasthénique, l'enfant précoce et déjà épuisé, le jeune homosexuel qui refuse le mariage ou néglige sa femme. Ce sont les figures mixtes de l'alliance dévoyée et de la sexualité anormale; ils portent le trouble de celle-ci dans l'ordre de la première; et ils sont l'occasion pour le système de l'alliance de faire valoir ses droits dans l'ordre de la sexualité. Une demande incessante naît alors de la famille : demande pour qu'on l'aide à résoudre ces jeux malheureux de la sexualité et de l'alliance; et, piégée par ce dispositif de sexualité qui l'avait investie de l'extérieur, qui avait contribué à la solidifier sous sa forme moderne, elle lance vers les médecins, les pédagogues, les psychiatres, les prêtres aussi et les pasteurs, vers tous les « experts » possibles, la longue plainte de sa souffrance sexuelle. Tout se passe comme si elle découvrait soudain le redoutable secret de ce qu'on lui avait inculqué et qu'on ne cessait de lui suggérer : elle, arche fondamentale de l'alliance, était le germe de toutes les infortunes du sexe. Et la voilà, depuis le milieu du xixe siècle au moins, traquant en soi les moindres traces de sexualité, s'arrachant à elle-même les aveux les plus difficiles, sollicitant l'écoute de tous ceux qui peuvent en savoir long, et s'ouvrant de part en part à l'infini examen. La famille, c'est le cristal dans le dispositif de sexualité : elle semble diffuser une sexualité qu'en fait elle réfléchit et diffracte. Par sa pénétrabilité et par ce jeu de renvois vers l'extérieur, elle est pour ce dispositif un des éléments tactiques les plus précieux.

Mais cela n'a pas été sans tension ni problème. Là encore Charcot constitue sans doute une figure centrale. Il fut pendant des années le plus notable de ceux auxquels les familles, encombrées de cette sexualité qui les saturait, demandaient arbitrage et soins. Et lui qui recevait, du monde entier, des parents conduisant leurs enfants, des époux leurs femmes, des femmes leurs maris, avait pour premier soin — et il en a souvent donné le conseil à ses élèves — de séparer le « malade » de sa famille, et pour mieux l'observer de n'écouter celle-ci que le moins possible [1]. Il cherchait à détacher le domaine de la sexualité du système de l'alliance, pour le traiter directement par une pratique médicale dont la technicité et l'autonomie étaient garanties par le modèle neurologique. La médecine reprenait ainsi pour son

---

1. Charcot, *Leçons du Mardi.* 7 janvier 1888 : « Pour bien traiter une jeune fille hystérique, il ne faut pas la laisser avec son père et sa mère, il faut la placer dans une maison de santé... Savez-vous combien de temps les jeunes filles bien élevées pleurent leurs mères, lorsqu'elles les quittent?... Prenons la moyenne si vous voulez; c'est une demi-heure, ce n'est pas beaucoup. »

21 février 1888 : « Dans le cas d'hystérie des jeunes garçons, ce qu'il faut faire, c'est les séparer de leurs mères. Tant qu'ils sont avec leurs mères, il n'y a rien à faire... Quelquefois le père est aussi insupportable que la mère; le mieux est donc de les supprimer tous les deux. »

propre compte et selon les règles d'un savoir spécifique, une sexualité dont elle avait elle-même incité les familles à se préoccuper comme d'une tâche essentielle et d'un danger majeur. Et Charcot, à plusieurs reprises, note avec quelle difficulté les familles « cédaient » au médecin le patient qu'elles étaient venues pourtant lui apporter, comment elles faisaient le siège des maisons de santé où le sujet était tenu à l'écart et de quelles interférences elles troublaient sans cesse le travail du médecin. Elles n'avaient pourtant pas à s'inquiéter : c'était pour leur rendre des individus sexuellement intégrables au système de la famille que le thérapeute intervenait; et cette intervention, tout en manipulant le corps sexuel, ne l'autorisait pas à se formuler en discours explicite. De ces « causes génitales », il ne faut pas parler : telle fut, prononcée à mi-voix, la phrase que la plus fameuse oreille de notre époque surprit, un jour de 1886, de la bouche de Charcot.

Dans cet espace de jeu, la psychanalyse est venue se loger, mais en modifiant considérablement le régime des inquiétudes et des réassurances. Elle devait bien au début susciter méfiance et hostilité puisque, poussant à la limite la leçon de Charcot, elle entreprenait de parcourir la sexualité des individus hors du contrôle familial; elle mettait au jour cette sexualité elle-même sans la recouvrir par le modèle neurologique; mieux encore elle mettait en question les relations familiales dans l'analyse qu'elle en faisait. Mais voilà que la psychanalyse, qui semblait dans ses modalités techniques placer l'aveu de la sexualité hors de la souveraineté familiale, retrouvait au cœur même de cette sexualité, comme principe de sa formation et chiffre de son intelligibilité, la loi de l'alliance, les jeux mêlés de l'épousaille et de la parenté, l'inceste. La garantie que là, au fond de la sexualité de chacun, on allait retrouver le rapport parents-enfants, permettait, au moment où tout semblait indiquer le processus inverse, de maintenir l'épinglage du dispositif de sexualité sur le système de l'alliance. Il n'y avait pas de risque que la sexualité apparaisse, par nature, étrangère à la loi : elle ne se constituait que par celle-ci. Parents, ne craignez pas de conduire vos enfants à l'analyse : elle leur apprendra que, de toute façon, c'est vous qu'ils aiment. Enfants, ne vous plaignez pas trop de n'être pas orphelins et de retrouver toujours au fond de vous-même votre Mère-Objet ou le signe souverain du Père : c'est par eux que vous accédez au désir. De là, après tant de réticences, l'immense consommation d'analyse dans les sociétés où le dispositif d'alliance et le système de la famille avaient besoin de renforcement. Car c'est là un des points fondamentaux dans toute cette histoire du dispositif de sexualité : avec la technologie de la « chair » dans le Christianisme classique, il a pris naissance en s'appuyant sur les systèmes d'alliance et les règles qui le régissent; mais aujourd'hui, il joue un rôle inverse; c'est lui qui tend à soutenir le vieux dispositif d'alliance. De la direction de conscience à la psychanalyse, les dispositifs d'alliance et de sexualité, tournant l'un par rapport à l'autre selon un lent processus

qui a maintenant plus de trois siècles, ont inversé leur position; dans la pastorale chrétienne,
la loi de l'alliance codait cette chair qu'on était
en train de découvrir et elle lui imposait d'entrée
de jeu une armature encore juridique; avec la
psychanalyse, c'est la sexualité qui donne corps
et vie aux règles de l'alliance en les saturant de
désir.

Le domaine qu'il s'agit d'analyser dans les
différentes études qui vont suivre le présent
volume, c'est donc ce dispositif de sexualité : sa
formation à partir de la chair chrétienne; son
développement à travers les quatre grandes stratégies qui se sont déployées au xixe siècle : sexualisation de l'enfant, hystérisation de la femme,
spécification des pervers, régulation des populations : toutes stratégies qui passent par une
famille dont il faut bien voir qu'elle a été, non pas
puissance d'interdiction, mais facteur capital de
sexualisation.

Le premier moment correspondrait à la nécessité de constituer une « force de travail » (donc
pas de « dépense » inutile, par d'énergie gaspillée,
toutes les forces rabattues sur le seul travail) et
d'assurer sa reproduction (conjugalité, fabrica-
tion réglée d'enfants). Le second moment correspondrait à cette époque du *Spätkapitalismus* où
l'exploitation du travail salarié n'exige pas les
mêmes contraintes violentes et physiques qu'au
xixe siècle et où la politique du corps ne requiert
plus l'élision du sexe ou sa limitation au seul rôle
reproducteur; elle passe plutôt par sa canalisation
multiple dans les circuits contrôlés de l'économie :

une désublimation sur-répressive, comme on dit.

Or, si la politique du sexe ne met pas en œuvre pour l'essentiel la loi de l'interdit, mais tout un appareil technique, s'il s'agit plutôt de la production de la « sexualité » que de la répression du sexe, il faut abandonner une telle scansion, décaler l'analyse par rapport au problème de la « force de travail » et abandonner sans doute l'énergétisme diffus qui soutient le thème d'une sexualité réprimée pour des raisons économiques.

4

PÉRIODISATION

L'histoire de la sexualité, si on veut la centrer sur les mécanismes de répression, suppose deux ruptures. L'une au cours du xviiᵉ siècle : naissance des grandes prohibitions, valorisation de la seule sexualité adulte et matrimoniale, impératifs de décence, esquive obligatoire du corps, mise au silence et pudeurs impératives du langage; l'autre, au xxᵉ siècle; moins rupture d'ailleurs qu'inflexion de la courbe : c'est le moment où les mécanismes de la répression auraient commencé à se desserrer; on serait passé d'interdits sexuels pressants à une tolérance relative à l'égard des relations prénuptiales ou extra-matrimoniales; la disqualification des « pervers » se serait atténuée, leur condamnation par la loi en partie effacée; on aurait pour une bonne part levé les tabous qui pesaient sur la sexualité des enfants.

Il faut essayer de suivre la chronologie de ces procédés : les inventions, les mutations instrumentales, les rémanences. Mais il y a aussi le calendrier de leur utilisation, la chronologie de leur diffusion et des effets (d'assujettissement ou de résistance) qu'ils induisent. Ces datations multiples ne coïncident sans doute pas avec le grand cycle répressif qu'on situe d'ordinaire entre le xviiᵉ et le xxᵉ siècle.

1. La chronologie des techniques elles-mêmes remonte loin. Il faut chercher leur point de formation dans les pratiques pénitentielles du christianisme médiéval ou plutôt dans la double série constituée par l'aveu obligatoire, exhaustif et périodique imposé à tous les fidèles par le Concile de Latran, et par les méthodes de l'ascétisme, de l'exercice spirituel et du mysticisme développées avec une intensité particulière depuis le xivᵉ siècle. La Réforme d'abord, le catholicisme tridentin ensuite marquent une mutation importante et une scission dans ce qu'on pourrait appeler la « technologie traditionnelle de la chair ». Scission dont la profondeur ne doit pas être méconnue; cela n'exclut pas cependant un certain parallélisme dans les méthodes catholiques et protestantes de l'examen de conscience et de la direction pastorale : ici et là se fixent, avec des subtilités diverses, des procédés d'analyse et de mise en discours de la « concupiscence ». Technique riche, raffinée, qui se développe depuis le xviᵉ siècle à travers de longues élaborations théoriques et qui se fige à la fin du xviiiᵉ siècle dans des formules qui peuvent symboliser le rigorisme mitigé d'Alphonse de Liguori d'une part et la pédagogie wesleyenne de l'autre.

Or, en cette même fin du xviiiᵉ siècle, et pour

des raisons qu'il faudra déterminer, naissait une
technologie du sexe toute nouvelle; nouvelle, car
sans être réellement indépendante de la thématique du péché, elle échappait pour l'essentiel à
l'institution ecclésiastique. Par l'intermédiaire
de la pédagogie, de la médecine et de l'économie,
elle faisait du sexe non seulement une affaire
laïque, mais une affaire d'État; mieux, une affaire
où le corps social tout entier, et presque chacun
de ses individus, était appelé à se mettre en surveillance. Nouvelle aussi, car elle se développait
selon trois axes : celui de la pédagogie avec,
comme objectif, la sexualité spécifique de l'enfant, celui de la médecine avec, comme objectif,
la physiologie sexuelle propre aux femmes, celui
de la démographie enfin, l'objectif étant la régulation spontanée ou concertée des naissances. Le
« péché de jeunesse », les « maladies de nerfs »
et les « fraudes à la procréation » (comme on
appellera plus tard ces « funestes secrets »)
marquent ainsi les trois domaines privilégiés de
cette technologie nouvelle. Sans doute pour chacun de ces points, elle reprend, non sans les
simplifier, des méthodes déjà formées par le christianisme : la sexualité des enfants était déjà problématisée dans la pédagogie spirituelle du christianisme (il n'est pas indifférent que le premier
traité consacré au péché de *Mollities* ait été écrit
au xvᵉ siècle par Gerson, éducateur et mystique;
et que le recueil de *l'Onania* rédigé par Dekker
au xviiiᵉ siècle reprenne mot à mot des exemples
établis par la pastorale anglicane); la médecine
des nerfs et des vapeurs, au xviiiᵉ siècle, reprend

à son tour le domaine d'analyse repéré déjà au moment où les phénomènes de la possession avaient ouvert une crise grave dans les pratiques si « indiscrètes » de la direction de conscience et de l'examen spirituel (la maladie nerveuse n'est certainement pas la vérité de la possession ; mais la médecine de l'hystérie n'est pas sans rapport avec l'ancienne direction des « obsédées ») ; et les campagnes à propos de la natalité déplacent, sous une autre forme et à un autre niveau, le contrôle des rapports conjugaux dont la pénitence chrétienne avait poursuivi avec tant d'obstination l'examen. Visible continuité, mais qui n'empêche pas une transformation capitale : la technologie du sexe va, pour l'essentiel, s'ordonner à partir de ce moment-là à l'institution médicale, à l'exigence de normalité, et, plutôt qu'à la question de la mort et du châtiment éternel, au problème de la vie et de la maladie. La « chair » est rabattue sur l'organisme.

Cette mutation se situe au tournant du xviiie et du xixe siècle ; elle a ouvert la voie à bien d'autres transformations, qui en dérivent. L'une d'abord a détaché la médecine du sexe de la médecine générale du corps ; elle a isolé un « instinct » sexuel, susceptible, même sans altération organique, de présenter des anomalies constitutives, des déviations acquises, des infirmités ou des processus pathologiques. La *Psychopathia sexualis* de Heinrich Kaan, en 1846, peut servir d'indicateur : de ces années datent la relative autonomisation du sexe par rapport au corps, l'apparition corrélative d'une médecine, d'une « orthopédie », qui lui seraient spécifiques, l'ouverture en un mot de ce grand domaine médico-psychologique des « perversions », qui allait prendre la relève des vieilles catégories morales de la débauche ou de l'excès. A la même époque, l'analyse de l'hérédité plaçait le sexe (les relations sexuelles, les maladies vénériennes, les alliances matrimoniales, les perversions) en position de « responsabilité biologique » par rapport à l'espèce : non seulement le sexe pouvait être affecté de ses propres maladies, mais il pouvait, si on ne le contrôlait pas, soit transmettre des maladies, soit en créer pour les générations futures : il apparaissait ainsi au principe de tout un capital pathologique de l'espèce. D'où le projet médical mais aussi politique d'organiser une gestion étatique des mariages, des naissances et des survies; le sexe et sa fécondité doivent être administrés. La médecine des perversions et les programmes de l'eugénisme ont été, dans la technologie du sexe, les deux grandes innovations de la seconde moitié du xixe siècle.

Innovations qui s'articulaient facilement, car la théorie de la « dégénérescence » leur permettait de renvoyer perpétuellement de l'une à l'autre; elle expliquait comment une hérédité lourde de maladies diverses — organiques, fonctionnelles ou psychiques, peu importe — produisait en fin de compte un pervers sexuel (cherchez dans la généalogie d'un exhibitionniste ou d'un homosexuel : vous y trouverez un ancêtre hémiplégique, un parent phtisique, ou un oncle atteint de démence sénile); mais elle expliquait comment une perversion sexuelle induisait aussi un épuisement de la descendance — rachitisme des enfants, stérilité des générations futures. L'ensemble perversion-hérédité-dégénérescence a constitué le noyau solide des nouvelles technologies du sexe. Et qu'on n'imagine pas qu'il s'agissait là seulement d'une théorie médicale scientifiquement insuffisante et abusivement moralisatrice. Sa surface de dispersion a été large et son implantation profonde. La psychiatrie, mais la jurisprudence, la médecine légale, les instances du contrôle social, la surveillance des enfants dangereux ou en danger ont fonctionné longtemps « à la dégénérescence », au système hérédité-perversion. Toute une pratique sociale, dont le racisme d'État fut la forme à la fois exaspérée et cohérente, a donné à cette technologie du sexe une puissance redoutable et des effets lointains.

Et la position singulière de la psychanalyse se comprendrait mal, à la fin du xixᵉ siècle, si on ne voyait la rupture qu'elle a opéré par rapport au grand système de la dégénérescence : elle a repris le projet d'une technologie médicale propre à l'instinct sexuel; mais elle a cherché à l'affranchir de ses corrélations avec l'hérédité, et donc avec tous les racismes et tous les eugénismes. On peut bien maintenant revenir sur ce qu'il pouvait y avoir de volonté normalisatrice chez Freud; on peut bien aussi dénoncer le rôle joué depuis des années par l'institution psychanalytique; dans cette grande famille des technologies du sexe qui remonte si loin dans l'histoire de l'Occident chrétien, et parmi celles qui ont entrepris, au xixe siècle, la médicalisation du sexe, elle fut, jusqu'aux années 1940, celle qui s'est opposée, rigoureusement, aux effets politiques et institutionnels du système perversion-hérédité-dégénérescence.

On le voit : la généalogie de toutes ces techniques, avec leurs mutations, leurs déplacements, leurs continuités, leurs ruptures, ne coïncide pas avec l'hypothèse d'une grande phase répressive inaugurée au cours de l'âge classique, et en voie de se clore lentement au cours du xxe siècle. Il y a eu plutôt une inventivité perpétuelle, un foisonnement constant des méthodes et des procédés, avec deux moments particulièrement féconds dans cette histoire proliférante : vers le milieu du xvie siècle, le développement des procédures de direction et d'examen de conscience; au début du xixe siècle, l'apparition des technologies médicales du sexe.

2. Mais ce ne serait là encore qu'une datation des techniques elles-mêmes. Autre a été l'histoire de leur diffusion et de leur point d'application. Si on écrit l'histoire de la sexualité en termes de répression, et qu'on réfère cette répression à l'utilisation de la force de travail, il faut bien supposer que les contrôles sexuels ont été d'autant plus intenses et plus soigneux qu'ils s'adressaient aux classes pauvres; on doit imaginer qu'ils ont suivi les lignes de la plus grande domination et de l'exploitation la plus systématique : l'homme adulte, jeune, ne possédant que sa force pour vivre, aurait dû être la cible première d'un assujettissement destiné à déplacer les énergies disponibles du plaisir inutile vers le travail obligatoire.

Or il ne semble pas que les choses se soient passées ainsi. Au contraire, les techniques les plus rigoureuses se sont formées et surtout elles ont été appliquées d'abord, avec le plus d'intensité, dans les classes économiquement privilégiées et politiquement dirigeantes. La direction des consciences, l'examen de soi-même, toute la longue élaboration des péchés de la chair, la détection scrupuleuse de la concupiscence — autant de procédés subtils qui ne pouvaient guère être accessibles qu'à des groupes restreints. La méthode pénitentielle d'Alphonse de Liguori, les règles proposées par Wesley aux méthodistes, leur ont assuré une sorte de diffusion plus large, c'est vrai; mais ce fut au prix d'une simplification considérable. On pourrait en dire autant de la famille comme instance de contrôle et point de saturation sexuelle : c'est dans la famille « bourgeoise » ou « aristocratique » que fut problématisée d'abord la sexualité des enfants ou des adolescents; en elle que fut médicalisée la sexualité féminine; elle qui fut alertée d'abord sur la pathologie possible du sexe, l'urgence de le surveiller et la nécessité d'inventer une technologie rationnelle de correction. C'est elle qui fut d'abord le lieu de la psychiatrisation du sexe. La première, elle est entrée en éréthisme sexuel, se donnant des peurs, inventant des recettes, appelant au secours des techniques savantes, suscitant, pour se les répéter à elle-même, d'innombrables discours. La bourgeoisie a commencé par considérer que c'était son propre sexe qui était chose importante, fragile trésor, secret indispensable à connaître. Le personnage qui a été d'abord investi par le dispositif de sexualité, un des premiers à avoir été « sexualisé », il ne faut pas oublier que ce fut la femme « oisive », aux limites du « monde » où elle devait toujours figurer comme valeur, et de la famille où on lui assignait un lot nouveau d'obligations conjugales et parentales : ainsi est apparue la femme « nerveuse », la femme atteinte de « vapeurs »; là l'hystérisation de la femme a trouvé son point d'ancrage. Quant à l'adolescent gaspillant dans des plaisirs secrets sa future substance, l'enfant onaniste qui a tant préoccupé les médecins et les éducateurs depuis la fin du xviiie siècle jusqu'à la fin du xixe siècle, ce n'était pas l'enfant du peuple, le futur ouvrier auquel il aurait fallu enseigner les disciplines du corps; c'était le collégien, l'enfant entouré de domestiques, de précepteurs et de gouvernantes, et qui risquait de compromettre moins une force physique que des capacités intellectuelles, un devoir moral et l'obligation de conserver à sa famille et à sa classe une descendance saine.

En face de cela, les couches populaires ont longtemps échappé au dispositif de « sexualité ». Certes, elles étaient soumises, selon des modalités particulières, au dispositif des « alliances » : valorisation du mariage légitime et de la fécondité, exclusion des unions consanguines, prescriptions d'endogamie sociale et locale. Il est peu probable en revanche que la technologie chrétienne de la chair ait jamais eu pour elle une grande importance. Quant aux mécanismes de sexualisation, ils les ont pénétrés lentement, et sans doute en trois étapes successives. D'abord à propos des problèmes de la natalité, lorsqu'il fut découvert, à la fin du xviiie siècle, que l'art de tromper la nature n'était pas le privilège des citadins et des débauchés, mais qu'il était connu et pratiqué par ceux qui, tout proches de la nature elle-même, auraient dû plus que tous les autres y répugner. Ensuite lorsque l'organisation de la famille « canonique » a paru, autour des années 1830, un instrument de contrôle politique et de régulation économique indispensable à l'assujettissement du prolétariat urbain : grande campagne pour la « moralisation des classes pauvres ». Enfin lorsque se développa à la fin du xixe siècle le contrôle judiciaire et médical des perversions, au nom d'une protection générale de la société et de la race. On peut dire qu'alors le dispositif de « sexualité », élaboré sous ses formes les plus complexes, les plus intenses pour et par les classes privilégiées, s'est diffusé dans le corps social tout entier. Mais il n'a pas pris partout les mêmes formes et il n'a pas utilisé partout les mêmes instruments (les rôles respectifs de l'instance médicale et de l'instance judiciaire n'ont pas été les mêmes ici et là; ni la manière même dont la médecine de la sexualité a fonctionné).

*

Ces rappels de chronologie – qu'il s'agisse de l'invention des techniques ou du calendrier de leur diffusion – ont leur importance. Ils rendent fort douteuse l'idée d'un cycle répressif, ayant un commencement et une fin, dessinant au moins une courbe avec ses points d'inflexion : il n'y a vraisemblablement pas eu un âge de la restriction sexuelle; et ils font douter aussi de l'homogénéité du processus à tous les niveaux de la société et dans toutes les classes : il n'y a pas eu une politique sexuelle unitaire. Mais surtout ils rendent problématique le sens du processus et ses raisons d'être : ce n'est point, semble-t-il, comme principe de limitation du plaisir des autres que le dispositif de sexualité a été mis en place par ce qu'il était de tradition d'appeler les « classes dirigeantes ». Il apparaît plutôt qu'elles l'ont d'abord essayé sur elles-mêmes. Nouvel avatar de cet ascétisme bourgeois tant de fois décrit à propos de la Réforme, de la nouvelle éthique du travail et de l'essor du capitalisme? Il semble justement qu'il ne s'agisse pas là d'un ascétisme, en tout cas d'un renoncement au plaisir ou d'une disqualification de la chair; mais au contraire d'une intensification du corps, d'une problématisation de la santé et de ses conditions de fonctionnement; il s'agit de nouvelles techniques pour maximaliser la vie. Plutôt que d'une répression sur le sexe des classes à exploiter, il fut d'abord question du corps, de la vigueur, de la longévité, de la progéniture, et de la descendance des classes qui « dominaient ». C'est là que fut établi, en première instance, le dispositif de sexualité, comme distribution nouvelle des plaisirs, des discours, des vérités et des pouvoirs. Il faut y soupçonner l'autoaffirmation d'une classe, plutôt que l'asservissement d'une autre : une défense, une protection, un renforcement, une exaltation, qui furent par la suite — au prix de différentes transformations — étendus aux autres comme moyen de contrôle économique et de sujétion politique. Dans cet investissement de son propre sexe par une technologie de pouvoir et de savoir qu'elle-même inventait, la bourgeoisie faisait valoir le haut prix politique de son corps, de ses sensations, de ses plaisirs, de sa santé, de sa survie. Dans toutes ces procédures, n'isolons pas ce qu'il peut y avoir de restrictions, de pudeurs, d'esquives ou de silence, pour les référer à quelque interdit constitutif, ou refoulement, ou instinct de mort. C'est un agencement politique de la vie qui s'est constitué, non dans un asservissement d'autrui, mais dans une affirmation de soi. Et loin que la classe qui devenait hégémonique au xviiie siècle ait cru devoir amputer son corps d'un sexe inutile, dépensier et dangereux dès lors qu'il n'était pas voué à la seule reproduction, on peut dire au contraire qu'elle s'est donné un corps à soigner, à protéger, à cultiver, à préserver de tous les dangers et de tous les contacts, à isoler des autres pour qu'il garde sa valeur différentielle; et cela en se donnant, entre autres moyens, une technologie du sexe.

Le sexe n'est pas cette partie du corps que la bourgeoisie a dû disqualifier ou annuler pour mettre au travail ceux qu'elle dominait. Il est cet élément d'elle-même qui l'a, plus que tout autre, inquiétée, préoccupée, qui a sollicité et obtenu ses soins et qu'elle a cultivé avec un

mélange de frayeur, de curiosité, de délectation
et de fièvre. Elle lui a identifié ou du moins soumis son corps, en lui prêtant sur celui-ci un pouvoir mystérieux et indéfini; elle y a accroché sa
vie et sa mort en le rendant responsable de sa
santé future; elle a investi en lui son avenir en
supposant qu'il avait des effets inéluctables sur
sa descendance; elle lui a subordonné son âme
en prétendant que c'est lui qui en constituait
l'élément le plus secret et le plus déterminant.
N'imaginons pas la bourgeoisie se châtrant symboliquement pour mieux refuser aux autres le
droit d'avoir un sexe et d'en user à leur gré. Il
faut plutôt la voir s'employer, à partir du milieu
du xviiie siècle, à se donner une sexualité et à se
constituer à partir d'elle un corps spécifique, un
corps « de classe » avec une santé, une hygiène,
une descendance, une race : autosexualisation de
son corps, incarnation du sexe dans son corps
propre, endogamie du sexe et du corps. Il y avait
sans doute à cela plusieurs raisons.

Et d'abord une transposition, sous d'autres
formes, des procédés utilisés par la noblesse pour
marquer et maintenir sa distinction de caste; car
l'aristocratie nobiliaire avait, elle aussi, affirmé la
spécificité de son corps; mais c'était sous la forme
du *sang*, c'est-à-dire de l'ancienneté des ascen-
dances et de la valeur des alliances; la bourgeoisie pour se donner un corps a regardé à l'inverse
du côté de sa descendance et de la santé de son
organisme. Le « sang » de la bourgeoisie, ce fut
son sexe. Et ce n'est pas là un jeu sur les mots;
beaucoup des thèmes propres aux manières de

caste de la noblesse se retrouvent dans la bourgeoisie du xixe siècle, mais sous les espèces de
préceptes biologiques, médicaux, ou eugéniques;
le souci généalogique est devenu préoccupation
de l'hérédité; dans les mariages, on a pris en
compte non seulement des impératifs économiques et des règles d'homogénéité sociale, non
seulement les promesses de l'héritage mais les
menaces de l'hérédité; les familles portaient et
cachaient une sorte de blason inversé et sombre
dont les quartiers infamants étaient les maladies
ou les tares de la parentèle − la paralysie générale de l'aïeul, la neurasthénie de la mère, la
phtisie de la cadette, les tantes hystériques ou
érotomanes, les cousins aux mœurs mauvaises.
Mais dans ce souci du corps sexuel, il y avait
plus que la transposition bourgeoise des thèmes
de la noblesse à des fins d'affirmation de soi-
même. Il s'agissait aussi d'un autre projet : celui
d'une expansion indéfinie de la force, de la
vigueur, de la santé, de la vie. La valorisation du
corps est bien à lier avec le processus de croissance et d'établissement de l'hégémonie bourgeoise : non point cependant à cause de la valeur
marchande prise par la force de travail, mais à
cause de ce que pouvait représenter politiquement, économiquement, historiquement aussi
pour le présent et pour l'avenir de la bourgeoisie, la « culture » de son propre corps. Sa domination en dépendait pour une part; ce n'était pas
seulement une affaire d'économie ou d'idéologie,
c'était aussi une affaire « physique ». En portent
témoignage les ouvrages publiés en si grand

nombre à la fin du xviiie siècle sur l'hygiène du corps, l'art de la longévité, les méthodes pour faire des enfants en bonne santé et les garder en vie le plus longtemps possible, les procédés pour améliorer la descendance humaine; ils attestent ainsi la corrélation de ce souci du corps et du sexe avec un « racisme ». Mais celui-ci est fort différent de celui qui était manifesté par la noblesse et qui était ordonné à des fins essentiellement conservatrices. Il s'agit d'un racisme dynamique, d'un racisme de l'expansion, même si on ne le trouve encore qu'à l'état embryonnaire et qu'il ait dû attendre la seconde moitié du xixe siècle pour porter les fruits que nous avons goûtés.

Que me pardonnent ceux pour qui bourgeoisie signifie élision du corps et refoulement de la sexualité, ceux pour qui lutte de classe implique combat pour lever ce refoulement. La « philosophie spontanée » de la bourgeoisie n'est peut-être pas aussi idéaliste ni castratrice qu'on le dit; un de ses premiers soins en tout cas a été de se donner un corps et une sexualité — de s'assurer la force, la pérennité, la prolifération séculaire de ce corps par l'organisation d'un dispositif de sexualité. Et ce processus était lié au mouvement par lequel elle affirmait sa différence et son hégémonie. Il faut sans doute admettre qu'une des formes primordiales de la conscience de classe, c'est l'affirmation du corps; du moins, ce fut le cas pour la bourgeoisie au cours du xviiie siècle; elle a converti le sang bleu des nobles en un organisme bien portant et en une sexualité saine; on comprend pourquoi elle a mis si longtemps et opposé tant de réticences à reconnaître un corps et un sexe aux autres classes — à celles justement qu'elle exploitait. Les conditions de vie qui étaient faites au prolétariat, surtout dans la première moitié du XIXe siècle, montrent qu'on était loin de prendre en souci son corps et son sexe [1] : peu importait que ces gens-là vivent ou meurent, de toute façon ça· se reproduisait tout seul. Pour que le prolétariat soit doté d'un corps et d'une sexualité, pour que sa santé, son sexe et sa reproduction fassent problème, il a fallu des conflits (en particulier à propos de l'espace urbain : cohabitation, proximité, contamination, épidémies, comme le choléra de 1832, ou encore prostitution et maladies vénériennes); il a fallu des urgences économiques (développement de l'industrie lourde avec la nécessité d'une main-d'œuvre stable et compétente, obligation de contrôler les flux de population et de parvenir à des régulations démographiques); il a fallu enfin la mise en place de toute une technologie de contrôle qui permettait de maintenir sous surveillance ce corps et cette sexualité qu'enfin on leur reconnaissait (l'école, la politique de l'habitat, l'hygiène publique, les institutions de secours et d'assurance, la médicalisation générale des populations, bref tout un appareil administratif et technique a permis d'importer sans danger le dispositif de sexualité dans la classe exploitée;

1. Cf. K. Marx, *Le Capital*, LI, chap. x, 2, « Le capital affamé de surtravail ».

il ne risquait plus de jouer un rôle d'affirmation de classe en face de la bourgeoisie; il restait l'instrument de son hégémonie). De là sans doute les réticences du prolétariat à accepter ce dispositif; de là sa tendance à dire que toute cette sexualité est affaire de bourgeoisie et ne le concerne pas.

Certains croient pouvoir dénoncer à la fois deux hypocrisies symétriques : celle, dominante, de la bourgeoisie qui nierait sa propre sexualité et celle, induite, du prolétariat qui rejette à son tour la sienne par acceptation de l'idéologie d'en face. C'est mal comprendre le processus par lequel la bourgeoisie au contraire s'est dotée, dans une affirmation politique arrogante, d'une sexualité bavarde que le prolétariat a refusé longtemps d'accepter dès lors qu'elle lui était imposée par la suite à des fins d'assujettissement. S'il est vrai que la « sexualité », c'est l'ensemble des effets produits dans les corps, les comportements, les rapports sociaux par un certain dispositif relevant d'une technologie politique complexe, il faut reconnaître que ce dispositif ne joue pas de façon symétrique ici et là, qu'il n'y produit donc pas les mêmes effets. Il faut donc revenir à des formulations depuis longtemps décriées; il faut dire qu'il y a une sexualité bourgeoise, qu'il y a des sexualités de classe. Ou plutôt que la sexualité est originairement, historiquement bourgeoise et qu'elle induit, dans ses déplacements successifs et ses transpositions, des effets de classe spécifiques.

*

Un mot encore. On a donc eu, au cours du xixᵉ siècle, une généralisation du dispositif de sexualité, à partir d'un foyer hégémonique. A la limite, quoique sur un mode et avec des instruments différents, le corps social tout entier a été doté d'un « corps sexuel ». Universalité de la sexualité? C'est là qu'on voit s'introduire un nouvel élément différenciateur. Un peu comme la bourgeoisie avait, à la fin du xviiiᵉ siècle, opposé au sang valeureux des nobles son propre corps et sa sexualité précieuse, elle va, à la fin du xixᵉ siècle, chercher à redéfinir la spécificité de la sienne en face de celle des autres, reprendre différentiellement sa propre sexualité, tracer une ligne de partage qui singularise et protège son corps. Cette ligne ne sera plus celle qui instaure la sexualité, mais une ligne qui au contraire la barre; c'est l'interdit qui fera la différence, ou du moins la manière dont il s'exerce et la rigueur avec laquelle il est imposé. La théorie de la répression, qui va peu à peu recouvrir tout le dispositif de sexualité et lui donner le sens d'un interdit généralisé, a là son point d'origine. Elle est historiquement liée à la diffusion du dispositif de sexualité. D'un côté elle va justifier son extension autoritaire et contraignante, en posant le principe que toute sexualité doit être soumise à la loi, mieux, qu'elle n'est sexualité que **par** l'effet de la loi : non seulement il faut soumettre votre sexualité à la loi, mais vous n'aurez une sexualité que de vous assujettir à la loi. Mais d'un autre côté la théorie de la répression va compenser cette diffusion générale du dispositif de sexualité par l'analyse du jeu différentiel des interdits selon les classes sociales. Du discours qui à la fin du xviiie siècle disait : « Il y a en nous un élément de prix qu'il faut redouter et ménager, auquel il faut apporter tous nos soins, si nous nous ne voulons pas qu'il engendre des maux infinis », on est passé à un discours qui dit : « Notre sexualité, à la différence de celle des autres, est soumise à un régime de répression si intense que là désormais est le danger; non seulement le sexe est un secret redoutable, comme n'ont cessé de le dire aux générations précédentes les directeurs de conscience, les moralistes, les pédagogues et les médecins, non seulement il faut le débusquer dans sa vérité, mais s'il porte avec lui tant de dangers, c'est que nous l'avons trop longtemps — scrupule, sens trop aigu du péché, hypocrisie, comme on voudra — réduit au silence. » Désormais la différenciation sociale s'affirmera non pas par la qualité « sexuelle » du corps, mais par l'intensité de sa répression.

La psychanalyse vient s'insérer en ce point : à la fois théorie de l'appartenance essentielle de la loi et du désir et technique pour lever les effets de l'interdit là où sa rigueur le rend pathogène. Dans son émergence historique, la psychanalyse ne peut se dissocier de la généralisation du dispositif de sexualité et des mécanismes secondaires de différenciation qui s'y sont produits. Le

problème de l'inceste est de ce point de vue
encore significatif. D'une part, on l'a vu, sa
prohibition est posée comme principe absolument universel qui permet de penser à la fois le
système d'alliance et le régime de la sexualité;
cette interdiction, sous une forme ou sous une
autre, vaut donc pour toute société et pour tout
individu. Mais dans la pratique, la psychanalyse
se donne pour tâche de lever, chez ceux qui sont
en position d'avoir recours à elle, les effets de
refoulement qu'elle peut induire; elle leur permet
d'articuler en discours leur désir incestueux. Or
à la même époque, s'organisait une chasse systématique aux pratiques incestueuses, telles
qu'elles existaient dans les campagnes ou dans
certains milieux urbains auxquels la psychanalyse n'avait pas accès : un quadrillage administratif et judiciaire serré a été aménagé alors pour
y mettre un terme; toute une politique de protection de l'enfance ou de mise en tutelle des
mineurs « en danger » avait, en partie, pour
objectif leur retrait hors des familles qu'on suspectait — par faute de place, proximité douteuse,
habitude de débauche, « primitivité » sauvage ou
dégénérescence — de pratiquer l'inceste. Alors que
le dispositif de sexualité avait depuis le xviiie siècle
intensifié les rapports affectifs, les proximités
corporelles entre parents et enfants, alors qu'il
y avait eu une perpétuelle incitation à l'inceste
dans la famille bourgeoise, le régime de sexualité appliqué aux classes populaires implique au
contraire l'exclusion des pratiques de l'inceste
ou du moins leur déplacement sous une autre

forme. A l'époque où l'inceste est pourchassé comme conduite d'un côté, de l'autre, la psychanalyse s'emploie à le mettre au jour comme désir et à lever pour ceux qui en souffrent la rigueur qui le refoule. Il ne faut pas oublier que la découverte de l'Œdipe a été contemporaine de l'organisation juridique de la déchéance paternelle (en France par les lois de 1889 et 1898). Au moment où Freud découvrait quel était le désir de Dora, et lui permettait de se formuler, on s'armait pour dénouer, dans d'autres couches sociales, toutes ces proximités blâmables; le père, d'un côté, était érigé en objet d'amour obligé; mais ailleurs, s'il était amant, il était déchu par la loi. Ainsi la psychanalyse, comme pratique thérapeutique réservée, jouait par rapport à d'autres procédures un rôle différenciateur, dans un dispositif de sexualité maintenant généralisé. Ceux qui avaient perdu le privilège exclusif d'avoir souci de leur sexualité ont désormais le privilège d'éprouver plus que d'autres ce qui l'interdit et de posséder la méthode qui permet de lever le refoulement.

L'histoire du dispositif de sexualité, tel qu'il s'est développé depuis l'âge classique, peut valoir comme archéologie de la psychanalyse. On l'a vu en effet : elle joue dans ce dispositif plusieurs rôles simultanés : elle est mécanisme d'épinglage de la sexualité sur le système d'alliance; elle s'établit en position adverse par rapport à la théorie de la dégénérescence; elle fonctionne comme élément différenciateur dans la technologie générale du sexe. Autour d'elle la grande exigence de l'aveu qui s'était formée depuis si longtemps prend le sens nouveau d'une injonction à lever le refoulement. La tâche de la vérité se trouve liée maintenant à la mise en question de l'interdit.

Or cela même ouvrait la possibilité d'un déplacement tactique considérable : réinterpréter tout le dispositif de sexualité en termes de répression généralisée; rattacher cette répression à des mécanismes généraux de domination et d'exploitation; lier les uns aux autres les processus qui permettent de s'affranchir des unes et des autres. Ainsi s'est formée entre les deux guerres mondiales et autour de Reich la critique historico-politique de la répression sexuelle. La valeur de cette critique et ses effets dans la réalité ont été considérables. Mais la possibilité même de son succès était liée au fait qu'elle se déployait toujours dans le dispositif de sexualité, et non pas hors de lui ou contre lui. Le fait que tant de choses aient pu changer dans le comportement sexuel des sociétés occidentales sans qu'ait été réalisée aucune des promesses ou conditions politiques que Reich y attachait suffit à prouver que toute cette « révolution » du sexe, toute cette lutte « anti-répressive » ne représentait rien de plus, mais rien de moins — et c'était déjà fort important — qu'un déplacement et un retournement tactiques dans le grand dispositif de sexualité. Mais on comprend aussi pourquoi on ne pouvait demander à cette critique d'être la grille pour une histoire de ce même dispositif. Ni le principe d'un mouvement pour le démanteler.

V

Droit de mort et pouvoir sur la vie

Longtemps, un des privilèges caractéristiques du pouvoir souverain avait été le droit de vie et de mort. Sans doute dérivait-il formellement de la vieille *patria potestas* qui donnait au père de famille romain le droit de « disposer » de la vie de ses enfants comme de celle des esclaves; il la leur avait « donnée », il pouvait la leur retirer. Le droit de vie et de mort tel qu'il se formule chez les théoriciens classiques en est une forme déjà considérablement atténuée. Du souverain à ses sujets, on ne conçoit plus qu'il s'exerce dans l'absolu et inconditionnellement, mais dans les seuls cas où le souverain se trouve exposé dans son existence même : une sorte de droit de réplique. Est-il menacé par des ennemis extérieurs, qui veulent le renverser ou contester ses droits? Il peut alors légitimement faire la guerre, et demander à ses sujets de prendre part à la défense de l'État; sans « se proposer directement leur mort », il lui est licite d' « exposer leur vie » : en ce sens, il exerce sur eux un droit « indirect » de vie et de mort[1]. Mais si c'est l'un d'eux qui se dresse contre lui et enfreint ses lois, alors il peut exercer sur sa vie un pouvoir direct : à titre de châtiment, il le tuera. Ainsi entendu, le droit de vie et de mort n'est plus un privilège absolu : il est conditionné par la défense du souverain, et sa survie propre. Faut-il le concevoir avec Hobbes comme la transposition au prince du droit que chacun posséderait à l'état de nature de défendre sa vie au prix de la mort des autres? Ou faut-il y voir un droit spécifique qui apparaît avec la formation de cet être juridique nouveau qu'est le souverain[2]? De toute façon le droit de vie et de mort, sous cette forme moderne, relative et limitée, comme sous sa forme ancienne et absolue, est un droit dissymétrique. Le souverain n'y exerce son droit sur la vie qu'en faisant jouer son droit de tuer, ou en le retenant; il ne marque son pouvoir sur la vie que par la mort qu'il est en mesure d'exiger. Le droit qui se formule comme « de vie et de mort » est en fait le droit de *faire* mourir ou de *laisser* vivre. Après tout, il se symbolisait par le glaive. Et peut-être faut-il rapporter cette forme juridique à un type historique de société où le pouvoir s'exerçait essentiellement comme instance de prélèvement, mécanisme de soustraction, droit de s'approprier

1. S. Pufendorf, *Le Droit de la nature* (trad. de 1734), p. 445.
2. « De même qu'un corps composé peut avoir des qualités qui ne se trouvent dans aucun des corps simples du mélange dont il est formé, de même un corps moral peut avoir, en vertu de l'union même des personnes dont il est composé, certains droits dont aucun des particuliers n'était formellement revêtu et qu'il n'appartient qu'aux conducteurs d'exercer. » Pufendorf, *loc. cit.*, p. 452.

une part des richesses, extorsion de produits, de biens, de services, de travail et de sang, imposée aux sujets. Le pouvoir y était avant tout droit de prise : sur les choses, le temps, les corps et finalement la vie; il culminait dans le privilège de s'en emparer pour la supprimer.

Or, l'Occident a connu depuis l'âge classique une très profonde transformation de ces mécanismes du pouvoir. Le « prélèvement » tend à n'en plus être la forme majeure, mais une pièce seulement parmi d'autres qui ont des fonctions d'incitation, de renforcement, de contrôle, de surveillance, de majoration et d'organisation des forces qu'il soumet : un pouvoir destiné à produire des forces, à les faire croître et à les ordonner plutôt que voué à les barrer, à les faire plier ou à les détruire. Le droit de mort tendra dès lors à se déplacer ou du moins à prendre appui sur les exigences d'un pouvoir qui gère la vie et à s'ordonner à ce qu'elles réclament. Cette mort, qui se fondait sur le droit du souverain de se défendre ou de demander qu'on le défende, va apparaître comme le simple envers du droit pour le corps social d'assurer sa vie, de la maintenir ou de la développer. Jamais les guerres n'ont été plus sanglantes pourtant que depuis le xixe siècle et, même toutes proportions gardées, jamais les régimes n'avaient jusque-là pratiqué sur leurs propres populations de pareils holocaustes. Mais ce formidable pouvoir de mort — et c'est peut-être ce qui lui donne une part de sa force et du cynisme avec lequel il a repoussé si loin ses propres limites — se donne

maintenant comme le complémentaire d'un pouvoir qui s'exerce positivement sur la vie, qui
entreprend de la gérer, de la majorer, de la multiplier, d'exercer sur elle des contrôles précis et
des régulations d'ensemble. Les guerres ne se font
plus au nom du souverain qu'il faut défendre;
elles se font au nom de l'existence de tous; on
dresse des populations entières à s'entre-tuer
réciproquement au nom de la nécessité pour
elles de vivre. Les massacres sont devenus vitaux.
C'est comme gestionnaire de la vie et de la survie, des corps et de la race que tant de régimes
ont pu mener tant de guerres, en faisant tuer
tant d'hommes. Et par un retournement qui
permet de boucler le cercle, plus la technologie
des guerres les a fait virer à la destruction
exhaustive, plus en effet la décision qui les ouvre
et celle qui vient les clore s'ordonnent à la question
nue de la survie. La situation atomique est aujour-
d'hui au point d'aboutissement de ce processus :
le pouvoir d'exposer une population à une mort
générale est l'envers du pouvoir de garantir
à une autre son maintien dans l'existence. Le
principe : pouvoir tuer pour pouvoir vivre, qui
soutenait la tactique des combats, est devenu
principe de stratégie entre États; mais l'existence
en question n'est plus celle, juridique, de la souveraineté, c'est celle, biologique, d'une population. Si le génocide est bien le rêve des pouvoirs
modernes, ce n'est pas par un retour aujourd'hui
du vieux droit de tuer; c'est parce que le pouvoir se
situe et s'exerce au niveau de la vie, de l'espèce, de
la race et des phénomènes massifs de population.

J'aurais pu prendre, à un autre niveau, l'exemple de la peine de mort. Elle a été longtemps avec la guerre l'autre forme du droit de glaive; elle constituait la réponse du souverain à qui attaquait sa volonté, sa loi, sa personne. Ceux qui meurent sur l'échafaud sont devenus de plus en plus rares, à l'inverse de ceux qui meurent dans les guerres. Mais c'est pour les mêmes raisons que ceux-ci sont devenus plus nombreux et ceux-là plus rares. Dès lors que le pouvoir s'est donné pour fonction de gérer la vie, ce n'est pas la naissance de sentiments humanitaires, c'est la raison d'être du pouvoir et la logique de son exercice qui ont rendu de plus en plus difficile l'application de la peine de mort. Comment un pouvoir peut-il exercer dans la mise à mort ses plus hautes prérogatives, si son rôle majeur est d'assurer, de soutenir, de renforcer, de multiplier la vie et de la mettre en ordre? Pour un tel pouvoir l'exécution capitale est à la fois la limite, le scandale et la contradiction. De là le fait qu'on n'a pu la maintenir qu'en invoquant moins l'énormité du crime lui-même que la monstruosité du criminel, son incorrigibilité, et la sauvegarde de la société. On tue légitimement ceux qui sont pour les autres une sorte de danger biologique.

On pourrait dire qu'au vieux droit de *faire* mourir ou de *laisser* vivre s'est substitué un pouvoir de *faire* vivre ou de *rejeter* dans la mort. C'est peut-être ainsi que s'explique cette disqualification de la mort que marque la désuétude récente des rituels qui l'accompagnaient.

Le soin qu'on met à esquiver la mort est moins lié à une angoisse nouvelle qui la rendrait insupportable pour nos sociétés qu'au fait que les procédures de pouvoir n'ont pas cessé de s'en détourner. Avec le passage d'un monde à l'autre, la mort était la relève d'une souveraineté terrestre par une autre, singulièrement plus puissante; le faste qui l'entourait relevait de la cérémonie politique. C'est sur la vie maintenant et tout au long de son déroulement que le pouvoir établit ses prises; la mort en est la limite, le moment qui lui échappe; elle devient le point le plus secret de l'existence, le plus « privé ». Il ne faut pas s'étonner que le suicide — crime autrefois puisqu'il était une manière d'usurper sur le droit de mort que le souverain, celui d'ici-bas ou celui de l'au-delà, avait seul le droit d'exercer — soit devenu au cours du xixᵉ siècle une des premières conduites à entrer dans le champ de l'analyse sociologique; il faisait apparaître aux frontières et dans les interstices du pouvoir qui s'exerce sur la vie, le droit individuel et privé de mourir. Cette obstination à mourir, si étrange et pourtant si régulière, si constante dans ses manifestations, si peu explicable par conséquent par des particularités ou accidents individuels, fut un des premiers étonnements d'une société où le pouvoir politique venait de se donner pour tâche de gérer la vie.

Concrètement, ce pouvoir sur la vie s'est développé depuis le xviiᵉ siècle sous deux formes principales; elles ne sont pas antithétiques; elles constituent plutôt deux pôles de développement reliés par tout un faisceau intermédiaire de relations. L'un des pôles, le premier, semble-t-il, à s'être formé, a été centré sur le corps comme machine : son dressage, la majoration de ses aptitudes, l'extorsion de ses forces, la croissance parallèle de son utilité et de sa docilité, son intégration à des systèmes de contrôle efficaces et économiques, tout cela a été assuré par des procédures de pouvoir qui caractérisent les *disciplines : anatomo-politique du corps humain.* Le second, qui s'est formé un peu plus tard, vers le milieu du xviiie siècle, est centré sur le corps-espèce, sur le corps traversé par la mécanique du vivant et servant de support aux processus biologiques : la prolifération, les naissances et la mortalité, le niveau de santé, la durée de vie, la longévité avec toutes les conditions qui peuvent les faire varier; leur prise en charge s'opère par toute une série d'interventions et de *contrôles régulateurs : une bio-politique de la population.* Les disciplines du corps et les régulations de la population constituent les deux pôles autour desquels s'est déployée l'organisation du pouvoir sur la vie. La mise en place au cours de l'âge classique de cette grande technologie à double face — anatomique et biologique, individualisante et spécifiante, tournée vers les performances du corps et regardant vers les processus de la vie — caractérise un pouvoir dont la plus haute fonction désormais n'est peut-être plus de tuer mais d'investir la vie de part en part.

La vieille puissance de la mort où se symbolisait le pouvoir souverain est maintenant recouverte soigneusement par l'administration des corps et la gestion calculatrice de la vie. Développement rapide au cours de l'âge classique des disciplines diverses — écoles, collèges, casernes, ateliers; apparition aussi, dans le champ des pratiques politiques et des observations économiques, des problèmes de natalité, de longévité, de santé publique, d'habitat, de migration; explosion, donc, de techniques diverses et nombreuses pour obtenir l'assujettissement des corps et le contrôle des populations. S'ouvre ainsi l'ère d'un « bio-pouvoir ». Les deux directions dans lesquelles il se développe apparaissent encore au xviiie siècle nettement séparées. Du côté de la discipline, ce sont des institutions comme l'armée ou l'école; ce sont des réflexions sur la tactique, sur l'apprentissage, sur l'éducation, sur l'ordre des sociétés; elles vont des analyses proprement militaires du Maréchal de Saxe aux rêves politiques de Guibert ou de Servan. Du côté des régulations de population, c'est la démographie, c'est l'estimation du rapport entre ressources et habitants, c'est la mise en tableau des richesses et de leur circulation, des vies et de leur durée probable : c'est Quesnay, Moheau, Süssmilch. La philosophie des « Idéologues » comme théorie de l'idée, du signe, de la genèse individuelle des sensations mais aussi de la composition sociale des intérêts, l'Idéologie comme doctrine de l'apprentissage mais aussi du contrat et de la formation réglée du corps social constitue sans doute le discours abstrait dans lequel on a cherché à coordonner ces deux techniques de pouvoir pour en faire la théorie générale. En fait, leur articulation ne se fera pas au niveau d'un discours spéculatif mais dans la forme d'agencements concrets qui constitueront la grande technologie du pouvoir au xixe siècle : le dispositif de sexualité sera l'un d'entre eux, et l'un des plus importants.

Ce bio-pouvoir a été, à n'en pas douter, un élément indispensable au développement du capitalisme; celui-ci n'a pu être assuré qu'au prix de l'insertion contrôlée des corps dans l'appareil de production et moyennant un ajustement des phénomènes de population aux processus économiques. Mais il a exigé davantage; il lui a fallu la croissance des uns et des autres, leur renforcement en même temps que leur utilisabilité et leur docilité; il lui a fallu des méthodes de pouvoir susceptibles de majorer les forces, les aptitudes, la vie en général sans pour autant les rendre plus difficiles à assujettir; si le développement des grands appareils d'État, comme *institutions* de pouvoir, a assuré le maintien des rapports de production, les rudiments d'anatomo- et de bio-politique, inventés au xviiie siècle comme *techniques* de pouvoir présentes à tous les niveaux du corps social et utilisées par des institutions très diverses (la famille comme l'armée, l'école ou la police, la médecine individuelle ou l'administration des collectivités), ont agi au niveau des processus économiques, de leur déroulement, des forces qui y sont à l'œuvre et les soutiennent; ils ont opéré aussi comme facteurs de ségrégation et de hiérarchisation sociale, agissant sur les forces respectives des uns et des autres, garantissant des rapports de domination et des effets d'hégémonie; l'ajustement de l'accumulation des hommes sur celle du capital, l'articulation de la croissance des groupes humains sur l'expansion des forces productives et la répartition différentielle du profit, ont été, pour une part, rendus possibles par l'exercice du bio-pouvoir sous ses formes et avec ses procédés multiples. L'investissement du corps vivant, sa valorisation et la gestion distributive de ses forces ont été à ce moment-là indispensables.

On sait combien de fois a été posée la question du rôle qu'a pu avoir, dans la toute première formation du capitalisme, une morale ascétique; mais ce qui s'est passé au xviiie siècle dans certains pays d'Occident, et qui a été lié par le développement du capitalisme, est un phénomène autre et peut-être d'une plus grande ampleur que cette nouvelle morale, qui semblait disqualifier le corps; ce ne fut rien de moins que l'entrée de la vie dans l'histoire — je veux dire l'entrée des phénomènes propres à la vie de l'espèce humaine dans l'ordre du savoir et du pouvoir —, dans le champ des techniques politiques. Il ne s'agit pas de prétendre qu'à ce moment-là s'est produit le premier contact de la vie et de l'histoire. Au contraire, la pression du biologique sur l'historique était restée, pendant des millénaires, extrêmement forte; l'épidémie et la famine constituaient les deux grandes formes dramatiques de ce rapport qui demeurait ainsi placé sous le signe de la mort; par un processus circulaire, le développement économique et principalement agricole du xviiiᵉ siècle, l'augmentation de la productivité et des ressources encore plus rapide que la croissance démographique qu'elle favorisait, ont permis que se desserrent un peu ces menaces profondes : l'ère des grands ravages de la faim et de la peste — sauf quelques résurgences — est close avant la Révolution française; la mort commence à ne plus harceler directement la vie. Mais en même temps le développement des connaissances concernant la vie en général, l'amélioration des techniques agricoles, les observations et les mesures visant la vie et la survie des hommes, contribuaient à ce desserrement : une relative maîtrise sur la vie écartait quelques-unes des imminences de la mort. Dans l'espace de jeu ainsi acquis, l'organisant et l'élargissant, des procédés de pouvoir et de savoir prennent en compte les processus de la vie et entreprennent de les contrôler et de les modifier. L'homme occidental apprend peu à peu ce que c'est que d'être une espèce vivante dans un monde vivant, d'avoir un corps, des conditions d'existence, des probabilités de vie, une santé individuelle et collective, des forces qu'on peut modifier et un espace où on peut les répartir de façon optimale. Pour la première fois sans doute dans l'histoire, le biologique se réfléchit dans le politique; le fait de vivre n'est plus ce soubassement inaccessible qui n'émerge que de temps en temps, dans le hasard de la mort et sa fatalité; il passe pour une part dans le champ de contrôle du savoir et d'intervention du pouvoir. Celui-ci n'aura plus affaire seulement à des sujets de droit sur lesquels la prise ultime est la mort, mais à des êtres vivants, et la prise qu'il pourra exercer sur eux devra se placer au niveau de la vie elle-même; c'est la prise en charge de la vie, plus que la menace du meurtre, qui donne au pouvoir son accès jusqu'au corps. Si on peut appeler « bio-histoire » les pressions par lesquelles les mouvements de la vie et les processus de l'histoire interfèrent les uns avec les autres, il faudrait parler de « bio-politique » pour désigner ce qui fait entrer la vie et ses mécanismes dans le domaine des calculs explicites et fait du pouvoir-savoir un agent de transformation de la vie humaine; ce n'est point que la vie ait été exhaustivement intégrée à des techniques qui la dominent et la gèrent; sans cesse elle leur échappe. Hors du monde occidental, la famine existe, à une échelle plus importante que jamais; et les risques biologiques encourus par l'espèce sont peut-être plus grands, plus graves en tout cas, qu'avant la naissance de la microbiologie. Mais ce qu'on pourrait appeler le « seuil de modernité biologique » d'une société se situe au moment où l'espèce entre comme enjeu dans ses propres stratégies politiques. L'homme, pendant des millénaires, est resté ce qu'il était pour Aristote : un animal vivant et de plus capable d'une existence politique; l'homme moderne est un animal dans la politique duquel sa vie d'être vivant est en question.

Cette transformation a eu des conséquences considérables. Inutile d'insister ici sur la rupture qui s'est alors produite dans le régime du discours scientifique et sur la manière dont la double problématique de la vie et de l'homme est venue traverser et redistribuer l'ordre de l'épistémè classique. Si la question de l'homme a été posée — dans sa spécificité de vivant et dans sa spécificité par rapport aux vivants — la raison en est à chercher dans le nouveau mode de rapport de l'histoire et de la vie : dans cette position double de la vie qui la met à la fois à l'extérieur de l'histoire comme son entour biologique et à l'intérieur de l'historicité humaine, pénétrée par ses techniques de savoir et de pouvoir. Inutile d'insister non plus sur la prolifération des technologies politiques, qui à partir de là vont investir le corps, la santé, les façons de se nourrir et de se loger, les conditions de vie, l'espace tout entier de l'existence.

Une autre conséquence de ce développement du bio-pouvoir, c'est l'importance croissante prise par le jeu de la norme aux dépens du système juridique de la loi. La loi ne peut pas ne pas être armée, et son arme, par excellence, c'est la mort; à ceux qui la transgressent, elle répond, au moins à titre d'ultime recours, par cette menace absolue. La loi se réfère toujours au glaive. Mais un pouvoir qui a pour tâche de prendre la vie en charge aura besoin de mécanismes continus, régulateurs et correctifs. Il ne s'agit plus de faire jouer la mort dans le champ de la souveraineté, mais de distribuer le vivant dans un domaine de valeur et d'utilité. Un tel pouvoir a à qualifier, à mesurer, à apprécier, à hiérarchiser, plutôt qu'à se manifester dans son éclat meurtrier; il n'a pas à tracer la ligne qui sépare, des sujets obéissants, les ennemis du souverain; il opère des distributions autour de la norme. Je ne veux pas dire que la loi s'efface ou que les institutions de justice tendent à disparaître; mais que la loi fonctionne toujours davantage comme une norme, et que l'institution judiciaire s'intègre de plus en plus à un continuum d'appareils (médicaux, administratifs, etc.) dont les fonctions sont surtout régulatrices. Une société normalisatrice est l'effet historique d'une technologie de pòuvoir centrée sur la vie. Par rapport aux sociétés que nous avons connues jusqu'au xviiie siècle, nous sommes entrés dans une phase de régression du juridique; les Constitutions écrites dans le monde entier depuis la Révolution française, les Codes rédigés et remaniés, toute une activité législative permanente et bruyante ne doivent pas faire illusion : ce sont là les formes qui rendent acceptable un pouvoir essentiellement normalisateur.

Et contre ce pouvoir encore nouveau au xixe siècle, les forces qui résistent ont pris appui sur cela même qu'il investit — c'est-à-dire sur la vie et l'homme en tant qu'il est vivant. Depuis le siècle passé, les grandes luttes qui mettent en question le système général de pouvoir ne se font plus au nom d'un retour aux anciens droits, ou en fonction du rêve millénaire d'un cycle des temps et d'un âge d'or. On n'attend plus l'empereur des pauvres, ni le royaume des derniers jours, ni même seulement le rétablissement des justices qu'on imagine ancestrales; ce qui est revendiqué et sert d'objectif, c'est la vie, entendue comme besoins fondamentaux, essence concrète de l'homme, accomplissement de ses virtualités, plénitude du possible. Peu importe s'il s'agit ou non d'utopie; on a là un processus très réel de lutte; la vie comme objet politique a été en quelque sorte prise au mot et retournée contre le système qui entreprenait de la contrôler. C'est la vie beaucoup plus que le droit qui est devenue alors l'enjeu des luttes politiques, même si celles-ci se formulent à travers des affirmations de droit. Le « droit » à la vie, au corps, à la santé, au bonheur, à la satisfaction des besoins, le « droit », par-delà toutes les oppressions ou « aliénations », à retrouver ce qu'on est et tout ce qu'on peut être, ce « droit » si incompréhensible pour le système juridique classique, a été la réplique politique à toutes ces procédures nouvelles de pouvoir qui, elles non plus, ne relèvent pas du droit traditionnel de la souveraineté.

*

Sur ce fond, peut se comprendre l'importance prise par le sexe comme enjeu politique. C'est qu'il est à la charnière des deux axes le long desquels s'est développée toute la technologie politique de la vie. D'un côté il relève des disciplines du corps : dressage, intensification et distribution des forces, ajustement et économie des énergies. De l'autre, il relève de la régulation des popula-

tions, par tous les effets globaux qu'il induit. Il
s'insère simultanément sur les deux registres;
il donne lieu à des surveillances infinitésimales, à
des contrôles de tous les instants, à des aménagements spatiaux d'une extrême méticulosité,
à des examens médicaux ou psychologiques indé-
finis, à tout un micro-pouvoir sur le corps; mais
il donne lieu aussi à des mesures massives, à des
estimations statistiques, à des interventions qui
visent le corps social tout entier ou des groupes
pris dans leur ensemble. Le sexe est accès à
la fois à la vie du corps et à la vie de l'espèce.
On se sert de lui comme matrice des disciplines
et comme principe des régulations. C'est pourquoi, au XIXᵉ siècle, la sexualité est poursuivie jusque dans le plus petit détail des existences;
elle est traquée dans les conduites, pourchassée
dans les rêves; on la suspecte sous les moindres
folies, on la poursuit jusque dans les premières
années de l'enfance; elle devient le chiffre de l'individualité, à la fois ce qui permet de l'analyser
et ce qui rend possible de la dresser. Mais on la
voit aussi devenir thème d'opérations politiques, d'interventions économiques (par des
incitations ou des freins à la procréation), de
campagnes idéologiques de moralisation ou de
responsabilisation : on la fait valoir comme
l'indice de force d'une société, révélant aussi
bien son énergie politique que sa vigueur biologique. D'un pôle à l'autre de cette technologie du sexe, s'échelonne toute une série de
tactiques diverses qui combinent selon des
proportions variées l'objectif de la discipline du

corps et celui de la régulation des populations.

De là l'importance des quatre grandes lignes d'attaque le long desquelles s'est avancée depuis deux siècles la politique du sexe. Chacune a été une manière de composer les techniques disciplinaires avec les procédés régulateurs. Les deux premières ont pris appui sur des exigences de régulation — sur toute une thématique de l'espèce, de la descendance, de la santé collective — pour obtenir des effets au niveau de la discipline; la sexualisation de l'enfant s'est faite dans la forme d'une campagne pour la santé de la race (la sexualité précoce a été présentée depuis le xviiie siècle jusqu'à la fin du xixe à la fois comme une menace épidémique qui risque de compromettre non seulement la santé future des adultes, mais l'avenir de la société et de l'espèce tout entière); l'hystérisation des femmes, qui a appelé une médicalisation minutieuse de leur corps et de leur sexe, s'est faite au nom de la responsabilité qu'elles auraient à l'égard de la santé de leurs enfants, de la solidité de l'institution familiale et du salut de la société. C'est le rapport inverse qui a joué à propos du contrôle des naissances et de la psychiatrisation des perversions : là l'intervention était de nature régulatrice, mais elle devait prendre appui sur l'exigence de disciplines et de dressages individuels. D'une façon générale, à la jonction du « corps » et de la « population », le sexe devient une cible centrale pour un pouvoir qui s'organise autour de la gestion de la vie plutôt que de la menace de la mort.

Le sang est resté longtemps un élément important dans les mécanismes du pouvoir, dans ses manifestations et dans ses rituels. Pour une société où sont prépondérants les systèmes d'alliance, la forme politique du souverain, la différenciation en ordres et en castes, la valeur des lignages, pour une société où la famine, les épidémies, les violences rendent la mort imminente, le sang constitue une des valeurs essentielles; son prix tient à la fois à son rôle instrumental (pouvoir verser le sang), à son fonctionnement dans l'ordre des signes (avoir un certain sang, être du même sang, accepter de risquer son sang), à sa précarité aussi (facile à répandre, sujet à se tarir, trop prompt à se mêler, vite susceptible de se corrompre). Société de sang — j'allais dire de « sanguinité » : honneur de la guerre et peur des famines, triomphe de la mort, souverain au glaive, bourreaux et supplices, le pouvoir parle *à travers* le sang; celui-ci est *une réalité à fonction symbolique.* Nous sommes, nous, dans une société du « sexe » ou plutôt « à sexualité » : les mécanismes du pouvoir s'adressent au corps, à la vie, à ce qui la fait proliférer, à ce qui renforce l'espèce, sa vigueur, sa capacité de dominer, ou son aptitude à être utilisée. Santé, progéniture, race, avenir de l'espèce, vitalité du corps social, le pouvoir parle *de* la sexualité et *à* la sexualité; celle-ci n'est pas marque ou symbole, elle est objet et cible. Et ce qui fait son importance, c'est moins sa rareté ou sa précarité que son insistance, sa présence insidieuse, le fait qu'elle est partout à la fois allumée et redoutée. Le pouvoir la dessine, la suscite et s'en sert comme le sens

proliférant qu'il faut toujours reprendre sous
contrôle pour qu'il n'échappe point; elle est un
effet à valeur de sens. Je ne veux pas dire qu'une
substitution du sexe au sang résume à elle seule
les transformations qui marquent le seuil de
notre modernité. Ce n'est pas l'âme de deux civi-
lisations ou le principe organisateur de deux
formes culturelles que je tente d'exprimer;
je cherche les raisons pour lesquelles la sexualité, loin d'avoir été réprimée dans la société
contemporaine, y est au contraire en perma-
nence suscitée. Ce sont les nouvelles procédures
de pouvoir élaborées pendant l'âge classique et
mises en œuvre au xixe siècle qui ont fait passer
nos sociétés d'une *symbolique du sang* à une *analytique de la sexualité.* On le voit, s'il y a quelque
chose qui est du côté de la loi, de la mort, de la
transgression, du symbolique et de la souveraineté, c'est le sang; la sexualité, elle, est du côté
de la norme, du savoir, de la vie, du sens, des
disciplines et des régulations.

Sade et les premiers eugénistes sont contem-
porains de ce passage de la « sanguinité » à la
« sexualité ». Mais alors que les premiers rêves
de perfectionnement de l'espèce font basculer
tout le problème du sang dans une gestion fort
contraignante du sexe (art de déterminer les bons
mariages, de provoquer les fécondités souhaitées,
d'assurer la santé et la longévité des enfants),
alors que la nouvelle idée de race tend à effacer
les particularités aristocratiques du sang pour
ne retenir que les effets contrôlables du sexe,
Sade reporte l'analyse exhaustive du sexe dans

les mécanismes exaspérés de l'ancien pouvoir de souveraineté et sous les vieux prestiges entièrement maintenus du sang; celui-ci court tout au long du plaisir — sang du supplice et du pouvoir absolu, sang de la caste qu'on respecte en soi et qu'on fait couler pourtant dans les rituels majeurs du parricide et de l'inceste, sang du peuple qu'on répand à merci puisque celui qui coule dans ses veines n'est même pas digne d'être nommé. Le sexe chez Sade est sans norme, sans règle intrinsèque qui pourrait se formuler à partir de sa propre nature; mais il est soumis à la loi illimitée d'un pouvoir qui lui-même ne connaît que la sienne propre; s'il lui arrive de s'imposer par jeu l'ordre des progressions soigneusement disciplinées en journées successives, cet exercice le conduit à n'être plus que le point pur d'une souveraineté unique et nue : droit illimité de la monstruosité toute-puissante. Le sang a résorbé le sexe.

En fait, l'analytique de la sexualité et la symbolique du sang ont beau relever en leur principe de deux régimes de pouvoir bien distincts, ils ne se sont pas succédé (pas plus que ces pouvoirs eux-mêmes) sans chevauchements, interactions ou échos. De différentes manières, la préoccupation du sang et de la loi a hanté depuis près de deux siècles la gestion de la sexualité. Deux de ces interférences sont remarquables, l'une à cause de son importance historique, l'autre à cause des problèmes théoriques qu'elle pose. Il est arrivé, dès la seconde moitié du xixe siècle, que la thématique du sang ait été appelée à vivifier et à sou-

tenir de toute une épaisseur historique le type
de pouvoir politique qui s'exerce à travers les
dispositifs de sexualité. Le racisme se forme en
ce point (le racisme sous sa forme moderne, étatique, biologisante) : toute une politique du peuplement, de la famille, du mariage, de l'éducation,
de la hiérarchisation sociale, de la propriété,
et une longue série d'interventions permanentes
au niveau du corps, des conduites, de la santé, de
la vie quotidienne ont reçu alors leur couleur et
leur justification du souci mythique de protéger
la pureté du sang et de faire triompher la race.
Le nazisme a sans doute été la combinaison
la plus naïve et la plus rusée − et ceci parce
que cela − des fantasmes du sang avec les pa-
roxysmes d'un pouvoir disciplinaire. Une mise
en ordre eugénique de la société, avec ce qu'elle
pouvait comporter d'extension et d'intensification des micro-pouvoirs, sous le couvert d'une
étatisation illimitée, s'accompagnait de l'exaltation onirique d'un sang supérieur; celle-ci impli-
quait à la fois le génocide systématique des
autres et le risque de s'exposer soi-même à un
sacrifice total. Et l'histoire a voulu que la politique hitlérienne du sexe soit restée une pratique
dérisoire tandis que le mythe du sang se transfor-
mait, lui, dans le plus grand massacre dont les
hommes pour l'instant puissent se souvenir.

A l'extrême opposé, on peut suivre, depuis cette
même fin du xixᵉ siècle, l'effort théorique pour
réinscrire la thématique de la sexualité dans le
système de la loi, de l'ordre symbolique et de la
souveraineté. C'est l'honneur politique de la psy-

chanalyse — ou du moins de ce qu'il a pu y avoir
de plus cohérent en elle — d'avoir suspecté (et
ceci dès sa naissance, c'est-à-dire dès sa ligne
de rupture avec la neuro-psychiatrie de la dégénérescence) ce qu'il pouvait y avoir d'irréparable-
ment proliférant dans ces mécanismes de pouvoir
qui prétendaient contrôler et gérer le quotidien
de la sexualité : de là l'effort freudien (par réaction sans doute à la grande montée du racisme
qui lui était contemporain) pour donner comme
principe à la sexualité la loi — la loi de l'alliance, de la consanguinité interdite, du Père-
Souverain, bref pour convoquer autour du désir
tout l'ancien ordre du pouvoir. A cela la psychanalyse doit d'avoir été — à quelques exceptions
près et pour l'essentiel — en opposition théorique
et pratique avec le fascisme. Mais cette position
de la psychanalyse a été liée à une conjoncture
historique précise. Et rien ne saurait empêcher
que penser l'ordre du sexuel selon l'instance de
la loi, de la mort, du sang et de la souveraineté
— quelles que soient les références à Sade et à
Bataille, quels que soient les gages de « subver-
sion » qu'on leur demande — ne soit en fin de
compte une « rétro-version » historique. Il faut
penser le dispositif de sexualité à partir des techniques de pouvoir qui lui sont contemporaines.

*

On me dira : c'est donner dans un histori-
cisme plus hâtif que radical; c'est esquiver

au profit de phénomènes, variables peut-être, mais fragiles, secondaires et somme toute superficiels, l'existence biologiquement solide des fonctions sexuelles; c'est parler de la sexualité comme si le sexe n'existait pas. Et on serait en droit de m'objecter : « Vous prétendez analyser par le menu les processus par lesquels ont été sexualisés le corps des femmes, la vie des enfants, les rapports familiaux et tout un large réseau de relations sociales. Vous voulez décrire cette grande montée du souci sexuel depuis le xviiie siècle et l'acharnement croissant que nous avons mis à soupçonner le sexe partout. Admettons; et supposons en effet que les mécanismes de pouvoir ont été plus employés à susciter et à "irriter" la sexualité qu'à la réprimer. Mais vous voilà resté bien proche de ce dont vous pensez, sans doute, vous être démarqué; au fond vous montrez des phénomènes de diffusion, d'ancrage, de fixation de la sexualité, vous essayez de faire voir ce qu'on pourrait appeler l'organisation de " zones érogènes " dans le corps social; il se pourrait bien que vous n'ayez fait que transposer à l'échelle de processus diffus des mécanismes que la psychanalyse a repérés avec précision au niveau de l'individu. Mais vous élidez ce à partir de quoi cette sexualisation a pu se faire et que la psychanalyse, elle, ne méconnaît pas — à savoir le sexe. Avant Freud, on cherchait à localiser la sexualité au plus serré : dans le sexe, dans ses fonctions de reproduction, dans ses localisations anatomiques immédiates; on se rabattait sur un minimum biologique — organe,

instinct, finalité. Vous êtes, vous, en position
symétrique et inverse : il ne reste pour vous que
des effets sans support, des ramifications privées
de racine, une sexualité sans sexe. Castration,
là encore. »

En ce point, il faut distinguer deux questions.
D'un côté : l'analyse de la sexualité comme « dispositif politique » implique-t-elle nécessairement
l'élision du corps, de l'anatomie, du biologique,
du fonctionnel? A cette première question, je crois
qu'on peut répondre non. En tout cas, le but de
la présente recherche est bien de montrer comment des dispositifs de pouvoir s'articulent directement sur le corps — sur des corps, des fonctions,
des processus physiologiques, des sensations, des
plaisirs; loin que le corps ait à être gommé, il
s'agit de le faire apparaître dans une analyse
où le biologique et l'historique ne se feraient
pas suite, comme dans l'évolutionnisme des
anciens sociologues, mais se lieraient selon une
complexité croissant à mesure que se développent les technologies modernes de pouvoir
qui prennent la vie pour cible. Non pas donc
« histoire des mentalités » qui ne tiendrait compte
des corps que par la manière dont on les a per-
çus ou dont on leur a donné sens et valeur; mais
«histoire des corps» et de la manière dont on a
investi ce qu'il y a de plus matériel, de plus vivant
en eux.

Autre question, distincte de la première : cette
matérialité à laquelle on se réfère n'est-elle donc
pas celle du sexe, et n'y a-t-il pas paradoxe à
vouloir faire une histoire de la sexualité au

niveau des corps, sans qu'il y soit question, le moins du monde, du sexe? Après tout, le pouvoir qui s'exerce à travers la sexualité ne s'adresse-t-il pas, spécifiquement, à cet élément du réel qu'est le « sexe » — le sexe en général? Que la sexualité ne soit pas par rapport au pouvoir un domaine extérieur auquel il s'imposerait, qu'elle soit au contraire effet et instrument de ses agencements, passe encore. Mais le sexe, lui, n'est-il pas, par rapport au pouvoir, l' « autre », tandis qu'il est pour la sexualité le foyer autour duquel elle distribue ses effets? Or, justement, c'est cette idée *du* sexe qu'on ne peut pas recevoir sans examen. « Le sexe » est-il, dans la réalité, le point d'ancrage qui supporte les manifestations de « la sexualité », ou bien une idée complexe, historiquement formée à l'intérieur du dispositif de sexualité? On pourrait montrer, en tout cas, comment cette idée « du sexe » s'est formée à travers les différentes stratégies de pouvoir et quel rôle défini elle y a joué.

Tout au long des grandes lignes au long desquelles s'est développé le dispositif de sexualité depuis le xixe siècle, on voit s'élaborer cette idée qu'il existe autre chose que des corps, des organes, des localisations somatiques, des fonctions, des systèmes anatomo-physiologiques, des sensations, des plaisirs; quelque chose d'autre et de plus, quelque chose qui a ses propriétés intrinsèques et ses lois propres : le « sexe ». Ainsi, dans le processus d'hystérisation de la femme, le « sexe » a été défini de trois façons : comme ce qui appartient en commun à l'homme et à la femme;

ou comme ce qui appartient aussi par excellence
à l'homme et fait donc défaut à la femme; mais
encore comme ce qui constitue à lui seul le corps
de la femme, l'ordonnant tout entier aux fonctions
de reproduction et le perturbant sans cesse par
les effets de cette même fonction; l'hystérie est
interprétée, dans cette stratégie, comme le jeu du
sexe en tant qu'il est l' « un » et l' « autre », tout
et partie, principe et manque. Dans la sexualisation de l'enfance, l'idée s'élabore d'un sexe
qui est présent (du fait de l'anatomie) et absent
(du point de vue de la physiologie), présent également si on considère son activité et déficient si
on se réfère à sa finalité reproductrice; ou encore
actuel dans ses manifestations mais caché dans
ses effets qui n'apparaîtront dans leur gravité
pathologique que plus tard; et chez l'adulte, si
le sexe de l'enfant est encore présent, c'est sous
la forme d'une causalité secrète qui tend à annuler le sexe de l'adulte (ce fut un des dogmes de la
médecine du xviiie et du xixe siècle de supposer
que la précocité du sexe entraîne par la suite la
stérilité, l'impuissance, la frigidité, l'incapacité
d'éprouver du plaisir, l'anesthésie des sens); en
sexualisant l'enfance on a constitué l'idée d'un
sexe marqué par le jeu essentiel de la présence
et de l'absence, du caché et du manifeste; la masturbation avec les effets qu'on lui prête révéle-
rait de façon privilégiée ce jeu de la présence et
de l'absence, du manifeste et du caché. Dans la
psychiatrisation des perversions, le sexe a été
rapporté à des fonctions biologiques et à un
appareil anatomo-physiologique qui lui donne

son « sens », c'est-à-dire sa finalité; mais il est aussi référé à un instinct qui, à travers son propre développement et selon les objets auxquels il peut s'attacher, rend possible l'apparition des conduites perverses, et intelligible leur genèse; ainsi le « sexe » se définit par un entrelacement de fonction et d'instinct, de finalité et de signification; et sous cette forme, il se manifeste, mieux que partout ailleurs, dans la perversion-modèle, dans ce « fétichisme » qui, depuis 1877 au moins, a servi de fil directeur à l'analyse de toutes les autres déviations, car on y lisait clairement la fixation de l'instinct à un objet sur le mode de l'adhérence historique et de l'inadéquation biologique. Enfin dans la socialisation des conduites procréatrices, le « sexe » est décrit comme pris entre une loi de réalité (dont les nécessités économiques sont la forme immédiate et la plus abrupte) et une économie de plaisir qui tente toujours de la contourner quand elle ne la méconnaît pas; la plus célèbre des « fraudes », le « coïtus interruptus », représente le point où l'instance du réel contraint à mettre un terme au plaisir et où le plaisir trouve encore à se faire jour malgré l'économie prescrite par le réel. On le voit; c'est le dispositif de sexualité qui, dans ses différentes stratégies, met en place cette idée « du sexe »; et sous les quatre grandes formes de l'hystérie, de l'onanisme, du fétichisme et du coït interrompu, elle le fait apparaître comme soumis au jeu du tout et de la partie, du principe et du manque, de l'absence et de la présence, de l'excès et de la déficience, de la fonction et de l'instinct, de la finalité et du sens, du réel et du plaisir. Ainsi s'est formée peu à peu l'armature d'une théorie générale du sexe.

Or cette théorie, ainsi engendrée, a exercé dans le dispositif de sexualité un certain nombre de fonctions qui l'ont rendue indispensable. Trois surtout ont été importantes. D'abord la notion de « sexe » a permis de regrouper selon une unité artificielle des éléments anatomiques, des fonctions biologiques, des conduites, des sensations, des plaisirs et elle a permis de faire fonctionner cette unité fictive comme principe causal, sens omniprésent, secret à découvrir partout : le sexe a donc pu fonctionner comme signifiant unique et comme signifié universel. De plus en se donnant unitairement comme anatomie et comme manque, comme fonction et comme latence, comme instinct et comme sens, il a pu marquer la ligne de contact entre un savoir de la sexualité humaine et les sciences biologiques de la reproduction; ainsi le premier, sans rien emprunter réellement aux secondes — sauf quelques analogies incertaines et quelques concepts transplantés — a reçu par privilège de voisinage une garantie de quasi-scientificité; mais par ce même voisinage certains des contenus de la biologie et de la physiologie ont pu servir de principe de normalité pour la sexualité humaine. Enfin, la notion de sexe a assuré un retournement essentiel; elle a permis d'inverser la représentation des rapports du pouvoir à la sexualité et de faire apparaître celle-ci non point dans sa relation essentielle et positive au pouvoir, mais comme ancrée dans une instance spécifique et irréductible que le pouvoir cherche comme il peut à assujettir; ainsi l'idée « du sexe » permet d'esquiver ce qui fait le « pouvoir » du pouvoir; elle permet de ne le penser que comme loi et interdit. Le sexe, cette instance qui nous paraît nous dominer et ce secret qui nous semble sous-jacent à tout ce que nous sommes, ce point qui nous fascine par le pouvoir qu'il manifeste et par le sens qu'il cache, auquel nous demandons de révéler ce que nous sommes et de nous libérer ce qui nous définit, le sexe n'est sans doute qu'un point idéal rendu nécessaire par le dispositif de sexualité et par son fonctionnement. Il ne faut pas imaginer une instance autonome du sexe qui produirait secondairement les effets multiples de la sexualité tout au long de sa surface de contact avec le pouvoir. Le sexe est au contraire l'élément le plus spéculatif, le plus idéal, le plus intérieur aussi dans un dispositif de sexualité que le pouvoir organise dans ses prises sur les corps, leur matérialité, leurs forces, leurs énergies, leurs sensations, leurs plaisirs.

On pourrait ajouter que « le sexe » exerce une autre fonction encore qui traverse les premières et les soutient. Rôle plus pratique cette fois que théorique. C'est par le sexe en effet, point imaginaire fixé par le dispositif de sexualité, que chacun doit passer pour avoir accès à sa propre intelligibilité (puisqu'il est à la fois l'élément caché et le principe producteur de sens), à la totalité de son corps (puisqu'il en est une partie réelle et menacée et qu'il en constitue symboliquement le tout), à son identité (puisqu'il joint à la force d'une pulsion la singularité d'une histoire). Par un renversement qui a sans doute commencé de façon subreptice depuis longtemps — et à l'époque déjà de la pastorale chrétienne de la chair — nous en sommes arrivés maintenant à demander notre intelligibilité à ce qui fut, pendant tant de siècles, considéré comme folie, la plénitude de notre corps à ce qui en fut longtemps le stigmate et comme la blessure, notre identité à ce qu'on percevait comme obscure poussée sans nom. De là l'importance que nous lui prêtons, la crainte révérencieuse dont nous l'entourons, le soin que nous mettons à le connaître. De là le fait qu'il soit devenu, à l'échelle des siècles, plus important que notre âme, plus important presque que notre vie; et de là que toutes les énigmes du monde nous paraissent si légères comparées à ce secret, en chacun de nous minuscule, mais dont la densité le rend plus grave que tout autre. Le pacte faustien dont le dispositif de sexualité a inscrit en nous la tentation est désormais celui-ci : échanger la vie tout entière contre le sexe lui-même, contre la vérité et la souveraineté du sexe. Le sexe vaut bien la mort. C'est en ce sens, mais on le voit strictement historique, que le sexe aujourd'hui est bien traversé par l'instinct de mort. Quand l'Occident, il y a bien longtemps, eut découvert l'amour, il lui a accordé assez de prix pour rendre la mort acceptable; c'est le sexe aujourd'hui qui prétend à cette équivalence, la plus haute de toutes. Et tandis que le dispositif de sexualité permet aux techniques de pouvoir d'investir la vie, le point fictif du sexe, qu'il a lui-même marqué, exerce assez de fascination sur chacun pour qu'on accepte d'y entendre gronder la mort.

En créant cet élément imaginaire qu'est « le sexe », le dispositif de sexualité a suscité un de ses principes internes de fonctionnement les plus essentiels : le désir du sexe — désir de l'avoir, désir d'y accéder, de le découvrir, de le libérer, de l'articuler en discours, de le formuler en vérité. Il a constitué « le sexe » lui-même comme désirable. Et c'est cette désirabilité du sexe qui fixe chacun de nous à l'injonction de le connaître, d'en mettre au jour la loi et le pouvoir; c'est cette désirabilité qui nous fait croire que nous affirmons contre tout pouvoir les droits de notre sexe, alors qu'elle nous attache en fait au dispositif de sexualité qui a fait monter du fond de nous-même comme un mirage où nous croyons nous reconnaître, le noir éclat du sexe.

« Tout est sexe, disait Kate, dans *Le Serpent à plumes,* tout est sexe. Comme le sexe peut être beau quand l'homme le garde puissant et sacré et qu'il emplit le monde. Il est comme le soleil qui vous inonde, vous pénètre de sa lumière. »

Donc, ne pas référer à l'instance du sexe une histoire de la sexualité; mais montrer comment « le sexe » est sous la dépendance historique de la sexualité. Ne pas placer le sexe du côté du réel, et la sexualité du côté des idées confuses et des illusions; la sexualité est une figure historique très réelle, et c'est elle qui a suscité comme élément spéculatif, nécessaire à son fonctionnement, la notion du sexe. Ne pas croire qu'en disant oui au sexe, on dit non au pouvoir; on suit au contraire le fil du dispositif général de sexualité. C'est de l'instance du sexe qu'il faut s'affranchir si, par un retournement tactique des divers mécanismes de la sexualité, on veut faire valoir contre les prises du pouvoir, les corps, les plaisirs, les savoirs, dans leur multiplicité et leur possibilité de résistance. Contre le dispositif de sexualité, le point d'appui de la contre-attaque ne doit pas être le sexe-désir, mais les corps et les plaisirs.

*

« Il y a eu tant d'action dans le passé, disait D. H. Lawrence, particulièrement d'action sexuelle, une si monotone et lassante répétition sans nul développement parallèle dans la pensée et la compréhension. A présent, notre affaire est de comprendre la sexualité. Aujourd'hui, la compréhension pleinement consciente de l'instinct sexuel importe plus que l'acte sexuel. »

Peut-être un jour s'étonnera-t-on. On comprendra mal qu'une civilisation si vouée par ailleurs à développer d'immenses appareils de production et de destruction ait trouvé le temps et l'infinie patience de s'interroger avec autant d'anxiété sur ce qu'il en est du sexe; on sourira peut-être en se rappelant que ces hommes que nous avons été croyaient qu'il y a de ce côté-là une vérité au moins aussi précieuse que celle qu'ils avaient déjà demandée à la terre, aux étoiles et aux formes pures de leur pensée; on sera surpris de l'acharnement que nous avons mis à feindre d'arracher à sa nuit une sexualité que tout — nos discours, nos habitudes, nos institutions, nos règlements, nos savoirs — produisait en pleine lumière et relançait avec fracas. Et on se demandera pourquoi nous avons tant voulu lever la loi du silence sur ce qui était la plus bruyante de nos préoccupations. Le bruit, rétrospectivement, pourra paraître démesuré, mais plus étrange encore notre entêtement à n'y déchiffrer que refus de parler et consigne de se taire. On s'interrogera sur ce qui a pu nous rendre si présomptueux; on cherchera pourquoi nous nous sommes attribué le mérite d'avoir, les premiers, accordé au sexe, contre toute une morale millénaire, l'importance que nous disons être la sienne et comment nous avons pu nous glorifier de nous être affranchis enfin au XXe siècle d'un temps de longue et dure répression — celui d'un ascétisme chrétien prolongé, infléchi, avaricieusement et vétilleusement utilisé par les impératifs de l'économie bourgeoise. Et là où nous voyons aujourd'hui l'histoire d'une censure difficilement levée, on reconnaîtra plutôt la longue montée à travers les siècles d'un dispositif complexe pour faire parler du sexe, pour y attacher notre attention et notre souci, pour nous faire croire à la souveraineté de sa loi alors que nous sommes travaillés en fait par les mécanismes de pouvoir de la sexualité.

On se moquera du reproche de pansexualisme qui fut un moment objecté à Freud et à la psychanalyse. Mais ceux qui paraîtront aveugles seront peut-être moins ceux qui l'ont formulé que ceux qui l'ont écarté d'un revers de main, comme s'il traduisait seulement les frayeurs d'une vieille pudibonderie. Car les premiers, après tout, ont été seulement surpris par un processus qui avait commencé depuis bien longtemps et dont ils n'avaient pas vu qu'il les entourait déjà de toutes parts; ils avaient attribué au seul mauvais génie de Freud ce qui avait été préparé de longue main; ils s'étaient trompés de date quant à la mise en place, dans notre société, d'un dispositif général de sexualité. Mais les seconds, eux, ont fait erreur sur la nature du processus; ils ont cru que Freud restituait enfin au sexe, par un retournement soudain, la part qui lui était due et qui lui avait été si longtemps contestée; ils n'ont pas vu que le bon génie de Freud l'avait placé en un des points décisifs marqués depuis le xviiie siècle par les stratégies de savoir et de pouvoir; et qu'il relançait ainsi avec une efficacité admirable, digne des plus grands spirituels et directeurs de l'époque classique, l'injonction séculaire d'avoir à connaître le sexe et à le mettre en discours. On évoque souvent les innombrables procédés par lesquels le christianisme ancien nous aurait fait détester le corps; mais songeons un peu à toutes ces ruses par lesquelles, depuis plusieurs siècles, on nous a fait aimer le sexe, par lesquelles on nous a rendu désirable de le connaître, et précieux tout ce qui s'en dit; par lesquelles aussi on nous a incités à déployer toutes nos habiletés pour le surprendre, et attachés au devoir d'en extraire la vérité; par lesquelles on nous a culpabilisés de l'avoir si longtemps méconnu. Ce sont elles qui mériteraient, aujourd'hui, d'étonner. Et nous devons songer qu'un jour, peut-être, dans une autre économie des corps et des plaisirs, on ne comprendra plus bien comment les ruses de la sexualité, et du pouvoir qui en soutient le dispositif, sont parvenues à nous soumettre à cette austère monarchie du sexe, au point de nous vouer à la tâche indéfinie de forcer son secret et d'extorquer à cette ombre les aveux les plus vrais.

Ironie de ce dispositif : il nous fait croire qu'il y va de notre « libération ».

DU MÊME AUTEUR

Aux Éditions Gallimard

HISTOIRE DE LA FOLIE À L'ÂGE CLASSIQUE.

RAYMOND ROUSSEL.

LES MOTS ET LES CHOSES.

L'ARCHÉOLOGIE DU SAVOIR.

L'ORDRE DU DISCOURS.

SURVEILLER ET PUNIR.

MOI, PIERRE RIVIÈRE, AYANT ÉGORGÉ MA MÈRE, MA SŒUR ET MON FRÈRE... *(ouvrage collectif)*.

HISTOIRE DE LA SEXUALITÉ 1 : LA VOLONTÉ DE SAVOIR.

HISTOIRE DE LA SEXUALITÉ 2 : L'USAGE DES PLAISIRS.

HISTOIRE DE LA SEXUALITÉ 3 : LE SOUCI DE SOI.

HERCULINE BARBIN DITE ALEXINA B.

LE DÉSORDRE DES FAMILLES. LETTRES DE CACHET DES ARCHIVES DE LA BASTILLE *(en collaboration avec Arlette Farge)*.

Chez d'autres éditeurs

NAISSANCE DE LA CLINIQUE : UNE ARCHÉOLOGIE DU REGARD MÉDICAL (P.U.F.).

LES MACHINES À GUÉRIR, *ouvrage collectif* (Éditions Mardaga).

BIBLIOTHÈQUE DES HISTOIRES

Volumes publiés

MAURICE AGULHON : *Histoire vagabonde, I et II.*

RALPH ANDREANO : *La Nouvelle Histoire économique.*

OSKAR ANWEILER : *Les Soviets en Russie.*

COLETTE BEAUNE : *Naissance de la nation France.*

JACQUES BERQUE : *L'Intérieur du Maghreb, XVe-XIXe siècle.*

MARC BLOCH : *Les Rois thaumaturges.*

JOHN BOSWELL : *Christianisme, tolérance sociale et homosexualité.*

JEAN BOTTÉRO : *Naissance de Dieu. La Bible et l'historien.*

JEAN BOTTÉRO : *Mésopotamie. L'écriture, la raison et les dieux.*

JUDITH C. BROWN : *Sœur Benedetta, entre sainte et lesbienne.*

PETER BROWN : *Genèse de l'Antiquité tardive.*

JULIO CARO BAROJA : *Les Sorcières et leur monde.*

JULIO CARO BAROJA : *Le Carnaval.*

MICHEL DE CERTEAU, DOMINIQUE JULIA, JACQUES REVEL : *Une politique de la langue. La Révolution française et les patois.*

MICHEL DE CERTEAU : *L'Écriture de l'histoire.*

MICHEL DE CERTEAU : *La Fable mystique, XVIe-XVIIe siècle.*

JOHN CHADWICK : *Le Déchiffrement du linéaire B.*

WILLIAM B. COHEN : *Français et Africains.*

MARCEL DETIENNE : *Les Jardins d'Adonis.*

MARCEL DETIENNE, JEAN-PIERRE VERNANT : *La Cuisine du sacrifice en pays grec.*

GEORGES DUBY : *Guerriers et paysans, VIIe-XIIe siècle.*

GEORGES DUBY : *Le Temps des cathédrales.*

GEORGES DUBY : *Les Trois Ordres ou l'imaginaire du féodalisme.*

AlPHONSE DUPRONT : *Du sacré. Croisades et pèlerinages. Images et langages.*

MICHEL FOUCAULT : *Histoire de la folie à l'âge classique.*

MICHEL FOUCAULT : *Surveiller et punir.*

MICHEL FOUCAULT : *Histoire de la sexualité, I, II et III.*

GILBERTO FREYRE : *Maîtres et esclaves.*

FRANÇOIS FURET : *Penser la Révolution française.*

BRONISLAW GEREMEK : *La Potence ou la pitié.*

JACQUES GERNET : *Chine et christianisme. Action et réaction.*

AARON J. GOUREVITCH : *Les Catégories de la culture médiévale.*

G. E. VON GRUNEBAUM : *L'Identité culturelle de l'Islam.*

BIBLIOTHÈQUE ILLUSTRÉE DES HISTOIRES

Reproduit et achevé d'imprimer
par l'Imprimerie Floch
à Mayenne, le 4 mars 1988.
Dépôt légal : mars 1988.
1er dépôt légal : décembre 1976.
Numéro d'imprimeur : 26473.

ISBN 2-07-029589-3 / Imprimé en France.